《“疑难问题解决”丛书》编委会

“疑难问题解决”丛书

儿童文学作品
在中学英语教学中的应用研究

主 编 陈勤苗 盛艳萍

宁波出版社
Ningbo Publishing House

图书在版编目(CIP)数据

儿童文学作品在中学英语教学中的应用研究 / 陈勤苗，盛艳萍主编. — 宁波 : 宁波出版社，2013.11
（“疑难问题解决”丛书 / 沈剑光主编）

ISBN 978-7-5526-1223-3

Ⅰ. ①儿… Ⅱ. ①陈… ②盛… Ⅲ. ①英语课—教学研究—初中 Ⅳ. ①G633.412

中国版本图书馆 CIP 数据核字(2013)第 244356 号

儿童文学作品在中学英语教学中的应用研究

丛书主编　沈剑光
本书主编　陈勤苗　盛艳萍
出版发行　宁波出版社
地址邮编　宁波市甬江大道 1 号宁波书城 8 号楼 6 楼　315040
选题策划　吴　波
责任编辑　苗　蓉　王晓君
网　　址　http://www.nbcbs.com
印　　刷　浙江开源印务有限公司
开　　本　787 毫米 × 1092 毫米　1/16
印　　张　14
字　　数　280 千
版　　次　2013 年 11 月第 1 版
印　　次　2013 年 11 月第 1 次印刷
标准书号　ISBN　978-7-5526-1223-3
定　　价　28.00 元

总 序

教学是教师职业的基本活动。随着课程改革的不断深入,广大教师对教学的认识不断深入,对基础教育课程改革的实践探索不断创新,对课程改革理论与实践问题的解决,也已经走出传统的研究范式。

宁波市教育局教研室以“问题解决”为抓手的教学研究形式,着眼教师专业发展,追求轻负高效,引导教师关注课堂教学,鼓励教师参与问题解决的实践与研究。在“问题解决”的过程中,教师的“问题意识”得到强化,“问题解决”的思路和形式不断创新,教学研究的形式与内容结构有了很大的变化。教师们以研究者的心态置身于教学情境,以研究者的眼光审视已有的教学理论与现实问题,积极捕捉解决问题的机会,思考解决问题的策略,展现智慧,实现自身发展。

在“问题解决”的过程中,广大教师不断思考与实践,在设计、创造、实施新的教学方案中,不断改进、优化自己的教学行为,积累了许多好的经验和做法,取得了明显的效果。《“疑难问题解决”丛书》第三辑,是在前几年所编第一辑、第二辑的基础上,对课改的各种基本问题的进一步的梳理、提炼和总结,它真实地记录、描述了教师的困惑和思考,汇集了解决问题的思路、过程与方法。

本书具有以下特点:

真实性。

本书所呈现的“疑难问题”以及“疑难问题解决”的过程,都曾经在教学中真实地发生过,是教师在真实情景中发现和经历的。比如,如何减轻学生的学业负担,做到轻负高效;如何选择教学内容和学习方式,让学生乐学会学;如何实施教学评价,体现教师的指导引领作用……本书比较详细地记录了这些问题的解决过程, 具有在相似的情景中再现的可能性,因而也具有参考性具有可操作性,可模仿、可借鉴,有着进一步研究的价值和空间。

针对性。

编入本书“疑难问题解决”的典型案例，是宁波市义务段各个学科自下而上，在广泛征求基层教师意见的基础上，各门学科对来自全市各个县(市)区的问题的汇集与提炼；参与撰写的人员中，既有教研员、特级教师、名教师，也有青年教师，学科骨干，他们都呈现了对教学问题的思考与实践。各门学科，各个地区、各个层次的老师都能根据自己的需要，有针对性地在本套丛书中找到问题解决的方法和途径。

可读性。

本套丛书内容丰富，具体、直观、形象地记录了义务段各学科的教师对“疑难问题”的思考和解决过程。全书以通俗易懂的语言，深入浅出地描述了如何把对教育教学理论的思考回置到教学实践中，自觉解决教学实践中的问题，改善教学行为的种种经历，充分展现了各学科教师的教学探索，彰显了具有实践特色的教学智慧，值得参考和借鉴。

希望本套丛书能为广大教师实践新课程、提高专业水平提供一定帮助，也希望广大教师不断拓展自己的学习领域和学术视野，不断改善教学行为，促进发展，迎接挑战。

以此为序。

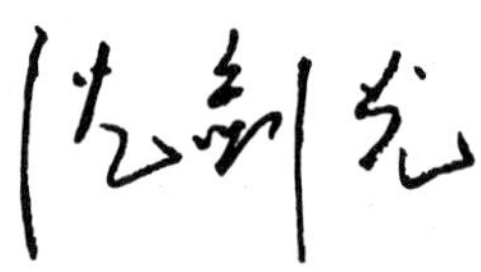

2013年5月

前 言

语言是文化的载体，学习一门语言就是学习一种文化。语言离不开文化。语言学习离不开对文本内涵的深度解读，也不能抛开与作者思想的交流，更不可以放弃对作品的鉴赏和品读。

学习英语与学习汉语一样，涉及工具性知识学习和人文情感价值观培养的问题，不仅要对学生进行文化教育，还要培养学生的人文素养。在课堂教学中，教师应该和学生一起赏析英语的语言美，体悟不同文化的共性美和差异美，感受人类文明的真善美。可长期以来，中学英语教学过于重视语言知识结构的梳理和语言能力的培养，而结合英语语言本质内涵、学生兴趣和学生的认知特点，培养学生创造学力的语言学习研究较少，对英语语言的鉴赏阅读，培养学生批判性思维的阅读教学更是少之又少。课堂教学过分强调语言知识与语言技能的培养，缺失对语言的体悟、理解、欣赏和评价能力的锻炼。因而随着年级的升高，中学生学习英语的兴趣没有得到相应的提升，学习动力功利化，学习效果事倍功半。

初中的孩子对外部世界充满好奇，并敢于探索。在阅读方面，他们已经在小学阶段接触过大量的儿童读物，甚至喜爱阅读一些中外经典儿童读本。在初中英语课堂教学中引入儿童文学作品符合他们的心智特点。这种阅读教学能使学生浸润到真实的语言材料中，获得语言教育的养分。教师引导学生品读文本，积累语言，落实了语言的“工具性”；而在品味语言的过程中，感悟文本语言所蕴含的思想与情感，使学生的思想情感受到熏陶和感染，也就使“人文性”得以无痕渗透在教学活动中。此时，语言的工具性和人文性达到了比较好的统一。

我们始终认为，给孩子读的书要有趣，要适合孩子的心理特点和认知能力，孩子才会爱看。教材应该生动有趣，引人入胜，易于理解和接受。本课题研究中采用的儿童文学读本以从英国原版引进的《典范英语》为主。教材以激发兴趣为首要目标，倡导“在故事中轻松、快乐、自然习得英语”的教育理念。该教材精选了许多有趣且适合我国初中学生阅读的故事。语言鲜活纯正，原汁原味，具有儿童语言特点。故事生动有趣，易于激发学生学习兴趣和求知欲望。教材或反映英国孩子的实际生活，或出自名家原版精典故事，融入了英国的儿童文化。毋庸置疑，这些作品的引入会大大激发学生学习英语的兴趣和积极性，也为学生提供了大量真实语言材料的输入。

儿童文学作品源于生活，有品质的文学作品通常会提供大量的讨论话题——从字面上的到超越故事本身的，使得儿童能够将故事与自己的生活联系在一起，总结出为人处世的经验。久而久之，儿童的文化教育和人文素养就会得到强化。我们在指导学生阅读经典文学作品时，始终将这些阅读目标放在首位。与此同时，我们不忘帮助学生学会学习；我们要组织学生分享母语童谣的阅读和朗读经验，唤醒原有的背景知识和技能；我们要依据学生认知特点，设计主导问题，检测学生对诗歌内容的理解；我们要指导学生对故事情节进行预测、梳理、回顾，分析人物个性；我们还要激励学生参加分角色朗读、短剧表演等活动。在老师从精读到泛读的引导下，学生将关注点从故事的细节逐渐转移到对作品的背景、作者的写作风格、对人物和作品的判断和评价上，形成从微观到宏观的认知角度的转变，养成正确的阅读方式和阅读习惯，为进一步学习和终生阅读打下了良好的基础。

我们的探索不仅让我们看到了英语教育新的方向和未来，同时也使我们找到了一条改变教师工作方式，提升学生思维层级和学习力的重要途径。让我们为这样的教学改革鼓掌和喝彩！

本书在成书过程中，得到了很多一线教师的大力支持和帮助，参与本书编写工作的作者主要有：盛艳萍老师撰写了第一章、第三章；张姬红老师撰写了第二章；蒋素娟老师撰写了第四章；孙晓莉老师撰写了第五章；桂华峰老师撰写了第六章，等等。在此谨向他们表示诚挚的谢意。

编者

2013 年 5 月

目 录

第一部分　校本教研

第一章　儿童文学作品在中学英语教学中的应用研究

一、引言

《义务教育英语课程标准(2011 年版)》(以下简称“课标”)提出,义务教育阶段的英语课程具有工具性和人文性的双重性质。英语教育使学生在英语学习过程中既能够发展综合语言运用能力,又能通过英语课程开阔视野,丰富生活经历,发展跨文化意识,培养创新思维,形成良好品格和正确价值观,为终身学习奠定基础。

然而在实际教学中,英语教学仍存在以下问题:

1. 英语课堂教学的功利化

功能型教材占主导地位,设计编排大都围绕语言结构和功能话题,工具性强而人文性弱;课堂教学中过分强调语言知识与语言技能的培养,缺失对语言的感受、理解、欣赏和评价能力的锻炼,仅将情感态度、学习策略和文化意识作为“锦上添花”;应试倾向较严重,重终结性评价的结果,忽视形成性评价对学生语言学习的诊断和促进作用。

2. 英语课外阅读的无序化

阅读量不足,远未达到“课标”中规定的“课外阅读量应累计达到 15 万词以上”的目标;阅读选材没有系统性,根据教师个人喜好或应试要求选择阅读材料,系统性的文学阅读严重缺失。

针对以上问题,我校初中英语教研组从 2009 年起在英语教学中引入儿童文学作品,进行英语文学阅读的教学尝试。

二、儿童文学作品与语言教育

儿童文学(亦称少年儿童文学),是以 18 岁以下的儿童为本位,具有契合儿童审美意识和发展心理的艺术特征,有益于儿童精神生命健康成长的文学。语言教育,包括母语和外语教育,首先是人的教育,因此具有其特殊性,即文化教育和人文素养的培养。

1. 儿童文学的功能

儿童文学作品指向人的发展,在儿童教育中有认知、审美、德育、娱乐等功能。

(1)认知功能

儿童文学作品来源于生活,“有品质的文学作品提供大量的讨论话题——从字面上的到超越故事本身的,使得儿童能够将故事与自己的生活联系在一起,总结出为人处世的经验。

(2)审美功能

优秀的儿童文学作品使儿童获得精神上的愉悦和满足,培养他们欣赏美、创造美的能力。同时,作为一门艺术,儿童文学使儿童浸润在鲜活的语言中,充分感受语言的美感。

(3)德育功能

儿童文学在情感教育方面具有独特的优势,它陪伴和促进儿童的精神成长,“最终目的就是要把在身体、精神、社会方面均未成熟的儿童培养引导为健全的社会人”。

(4)娱乐功能

儿童文学作品用生动的形象和有趣的情节激发儿童的好奇心和求知欲,而儿童的阅读兴趣是他们坚持阅读的动力。

2. 儿童文学作品的选择依据

Eowyn Brown 认为,在给以英语作为外语的儿童选择文学作品时可参考以下因素。

(1)故事的长度和复杂程度

对于年龄较小的外语学习者来说,阅读短小精悍、语言复现率高的故事效果更好。Sabrina Peck 认为,在学习有韵律的、重复率高的内容时,很多孩子并不会对一天多次或一周多天重复的练习感到厌倦。

(2)作品印刷

如果字体太小或一页上有太多文字都会使儿童读者望而却步。

(3)词汇量

如果故事中的生词量超过了 20%~25%,儿童就会对自己的理解能力失去信心。

(4)插图

作品中的插图要有趣,能帮助学生理解词汇和故事。

(5)教师对作品的喜爱程度

教师应喜欢所选的文学作品,否则在教学中很难带动学生的兴趣。

三、儿童文学作品在中学英语教学中的运用

以下将结合我校在英语教学中运用儿童文学作品的实践,探讨如何改善教学现状中的不良倾向,提升学生的人文素养。

1. 确定校本儿童文学作品阅读教材

Radhika O’Sullivan 观察到,在英语作为外语学习的课堂中,文学作品教学是否能成功的关键在于所选择的材料。在确定校本教材时,除之前所述依据外,我校英语教研组补充了以下原则:

(1)语言材料具有真实性

输入语言的原汁原味决定输出语言的质量。

(2)作品难度符合“i+1”原则

Krashen 认为,语言学习者可通过接受可理解输入来提高他们的语言能力,他把可理解输入定义为“i+1”。“i”代表语言学习者当前的语言知识或能力,语言学习者接触到适合自己能力的语言输入应该是“i+1”。输入在一定限度上超出个人的现有水平,习得就自然而然产生。

根据 Judie Haynes 对学习者语言水平的界定,七年级到九年级学生的英语水平介于语言习得的“早期表达阶段(early production stage)”和“言谈出现阶段(speech emergence stage)”之间。我校英语教研组根据不同年龄阶段学生的特点,选择不同类型的儿童文学作品,其中有自选编订成册的《儿童诗歌选集》、《报刊杂志美文选读》,也有根据原版引进的英国学生学习母语的阅读教材《牛津英语树》选编的《典范英语》(以下简称《典范》)(5~9 级)。具体安排如下:

时期	学段	作品	目标
初期	七年级第一学期	《典范》第 5 级:童谣、儿童诗	激发学生阅读兴趣,打好文学阅读的基础
中期	七年级第一学期末至八年级第二学期末	《典范》第 6~8 级:童话、科幻小说、人物传记	通过解构故事情节、分析人物个性、体会写作手法等精读课堂活动的引导,使学生形成一定阅读策略,并产生故事表演、读书报告等理解性输出
后期	九年级第一学期初至九年级第二学期末	《典范》第 8~9 级:动物文学、现实主义小说、名著改编本	学生运用阅读策略进行自主阅读,加深对作品的理解和感悟,并在指定阅读内容之外进行不同程度的课外阅读,养成终身阅读的习惯
穿插	三年学习过程中	短篇故事、散文、报刊杂志选读作品	学生扩大阅读范围,熟悉不同文学体裁,养成课外阅读的习惯

教研组将国外原汁原味的童谣和有代表性的儿童诗作家如 Kenn Nesbitt 的作品选编成册,作为七年级起始阶段的校本教材。《典范》第 5 级每个故事为 8~9 页的彩色连环画,有人物主线,语言复现率高;第 6 级每本书(包括黑白插图在内)30 页,第 7 级 40~50 页,第 8 级 50~60 页,第 9 级 70~80 页,书后配单词、短语中文注释。《典范》中的故事主题主要包括:

(1)人际交往

包括邻里交往,如 Noisy Neighbors;同伴交往,如 Walrus Joins In, Oh Otto! The Luckless Monster, The Secret Garden;亲子沟通,如 Okay Spanner, You Win! 等。

(2)自信自尊

如 Here Comes Trouble, The Personality Potion 等。

(3)梦想

如 Scrapman and the Flying Machine, The Big Chance 等。

(4)人与自然(动物)

Amy the Hedgehog Girl, Waiting for Goldie, Black Dan, Black Beauty 等。

(5)历史与文化

包括皇室文化,如 Pincess Pip's Holiday, The Masked Cleaning Ladies of Om;海盗文化,如 Grace the Pirate, Blackbones Saves the School; 历史事件, 如 Titanic Survior, Tomb Raider, Sing for Your Supper 等。

(6)人物传记

如 My Friend Mendela, The King of Football, Pioneer Girl 等。

按以上儿童文学作品阅读规划,在原有教材基础上,三年中学生将累计增加阅读儿童诗歌50余首,《典范》第5级20余则,《典范》第6~9级作品(第9级选读)共53册,极大地扩充了学生的阅读量。

2. 调整教学策略

在传统的功能型教学中,教师通常围绕教材提供的话题教授目标语言,在课堂上通过创设场景进行技能训练,以使学生掌握和运用目标语言。在此教学框架下,每节课具有特定的教学内容、目标语言和任务设计,但一个单元之间或单元与单元之间的内容存在较为严重的脱钩现象。同时, 由于教材中没有特定人物主线以及教学中的应试导向,学生的参与停留在语言知识和语言技能层面,并未真正被卷入语言的理解、欣赏和感悟过程,在一个阶段的学习后对所学内容的印象和总结也多以语言知识为主,这离语言学习的目的相去甚远。

在文学作品阅读教学中,教师要转变教学理念,分析学生在语言学习中的地位和作用,从而调整教学策略,使学生浸润到真实的语言材料中,获得语言教育的养分。接受美学(Receptional Aesthetic)的创始人 H.R.姚斯认为:"一部文学作品的历史生命如果没有接受者的积极参与是不可思议的,因为只有通过读者的传递过程,作品才进入一种连续性变化的经验视野。"接受美学强调"视野期待与融合",即只有读者的期待视野与文本相融合,才能谈得上接受和理解。

读者反映论(Reader Response Theory)也为文学作品教学提供了依据:读者在文本意义的构建中起到核心的作用,但此意义不能单纯在文本或读者身上找到,而存在于这两者相互作用的关系中。

我校英语教师在文学作品阅读教学中采用了以下教学策略:

(1)初期:激发学生兴趣,进行阅读策略指导

童谣和儿童诗歌:指导学生分享母语童谣的阅读和朗读经验,唤醒原有背景知识和技能;设计主导问题,检测学生对诗歌内容的理解;指导学生关注英文诗歌的韵律和节奏,采用预测韵脚、按节奏朗读、同伴朗诵录音欣赏、续写或改写章节、为诗歌配插图、诗歌表演等方法使学生卷入语言学习和语言创造活动。

以《典范》第5级故事的教学为例指导学生分享母语连环画的阅读经验;课堂上结合图片,指导学生对故事情节进行预测、梳理、回顾,简单分析人物个性;指导学生关注语言的复现、不同词性的作用等;可组织分角色朗读、短剧表演、英语故事大王等活动。

(2)中期:设定阅读目标,学生运用阅读策略自主阅读,教师进行从精读到泛读的指导

课前,学生运用阅读策略进行自主阅读,达成以下目标:监控自己的阅读过程,记录所运用的阅读策略;通读作品,厘清故事情节和人物关系,记录故事中印象深刻的片段并说明原因;进行词汇归类和整理。

在课堂活动中,教师逐渐从精读指导转向泛读指导。精读阶段:预热,激活背景知识→快读,了解故事情节→细读,体会字里行间→分角色朗读,浅层输出→故事表演,内化输出→分析与分享,理解性输出。各环节中教师起主导作用,学生深度卷入阅读活动。

泛读阶段:教师提供指导性问题,学生以问题为主线进行自主分析、归纳、总结,以口头讲演或读后感等方式作为学习产出。如《典范》第8级中的作品《用歌声换晚餐 Sing for Your Supper》讲述了英国16世纪时以乞讨为生的孤儿杰米帮助著名探险家弗朗西斯·德雷克找回鼓舞士气的"德雷克之鼓"的故事,在教学设计中,教师设计以下指导性问题:What is the story setting? How was Jamie, a beggar boy, involved in such a big event as the lost-and-found of Drake's Drum? From a beggar boy to a good brave lad, did Jamie deserve the change of the title? Why? 这几个主干问题串起了整个故事的背景和情节,同时学生需要对人物进行综合分析后才能做出自己的判断。在此类综合性活动的引导下,学生将关注点从故事的细节逐渐转移到对作品的背景、作者的写作风格、对人物和作品的判断和评价上,形成从微观到宏观的认知角度的转变,为终生阅读打下基础。

(3)后期:继续泛读指导,引导学生从文学作品简写版阅读转向原著阅读

如《典范》第9级中的作品《秘密花园 The Secret Garden》的原著是一本具有很高知名度的小说,在课堂上教师提供了原著中的27个章节的标题,学生将之与简写版中11个章节的标题做了对比,完成了以下思考:①有哪些章节是相同的?为什么这些章节被选入了简写版中?②在原著的章节标题中有8个章节引用了某个角色所说的话,根据故事推断是谁说了这些话并提供依据。这些任务激发了学生对原著的好奇心,在学生分享观点的过程中教师适时地提供了原著中的相应片段供学生做对比阅读,对学生理解作品和引导学生课后阅读原著起到了较好的效果。

3. 评价阅读活动的产出

英语教学中儿童文学作品的运用为学生提供了大量真实语言材料的输入,使学生在完成阅读后获得"一种完成一个单元的内容后所无法提供的成就感"。经过学习过程中的内化,学生会产生大量语言输出。教师应关注语言输出的数量、质量,设定评价标准,在评价学生语言的同时指导学生进行自我评价。学生语言输出的形式主要有读后感、文学故事、角色表演、故事讲述等,以下选取一部分列举评价标准:

(1)读后感

文章结构是否清晰?故事梗概是否简明扼要?是否有独特的观点和视角?语言是否准确和恰当?

(2)文学故事(如续写、仿写、改写等)

故事情节是否吸引人？续写故事中的人物和情节是否与原著呼应？语言是否生动有多样性？语言是否准确？

(3)角色表演

角色表演对学生有天然的吸引力，学生在复述或自编台词的过程中，完成对角色的分析和体验，进而深入理解作品的内容与表现艺术。教师应关注剧本修改、小组分工（如导演、剧本创作、道具准备等）和排练过程。评价要点：故事与台词、表演艺术、合作效果。

教师在对学生作品进行评价时要关注作品产出的过程，通过对过程中作品的诊断、修改、存档，使学生学会监控自己的学习过程，评价自己的学习结果。

四、结语

从以上教学策略和教学评价的阐述可以看出，在儿童文学作品阅读教学中，语言的工具性和人文性达到了较好的统一。教师引导学生品读文本，积累语言，落实了语言的"工具性"；而且，在品味语言的过程中，感悟文本语言所蕴含的思想与情感，使学生的思想情感受到熏陶和感染，也就使"人文性"得以无形渗透在教学活动中。同时，当教师和学生回到功能型教材的教学中时，能运用在文学作品阅读中积累的人文素养，从人文性的高度来分析语言的工具性，关注情感态度、学习策略和文化意识的形成，从而找到更有效的语言知识与技能的学习手段。

第二章　走出培养初中生英语阅读策略的误区

阅读是现代社会中人们生存和发展所必备的一项社会文化技能(Socio-cultural Skill)。在第二语言教育中,阅读的重要性更加突出。它不仅是学习者需要掌握的重要语言技能之一,而且也是学习者获得语言输入的主要途径。《英语课程标准解读》(2002)指出:"使用有效的外语学习策略,不仅可以大面积地改进外语学习方式,提高学习效果和质量,还可以减轻学习负担。现代社会倡导终身学习的思想。自主学习能力是终身学习的前提,而形成有效的学习策略是发展自主学习能力的必经之路。"笔者认为,在英语阅读教学中,一个重要任务是帮助学生学会如何阅读。也就是说,如何让学生形成有效的阅读策略以便他们步入社会后能够真正实现自主的终身学习。

当前,在《英语课程标准》(2002)指导下的中学英语教师愈来愈重视阅读教学。笔者所在的市英语教研室在2009年和2010年均将英语阅读教学作为"疑难问题"进行研究探讨,鼓励广大英语教师积极思考,寻找提高英语阅读教学实效性的有效途径。在英语教师普遍重视英语阅读教学的可喜变化下,笔者也发现了在培养初中生英语阅读策略时,师生们还存在认识和做法上的几个误区。怎样做才能走出这些误区呢?以下是笔者在教学中的实践。

误区一:忽视初中生已具备的母语阅读策略

作为英语阅读教学的主体,初中生已经拥有母语阅读的许多经历,形成相对有效的母语阅读策略。但他们是否认识到这些,并能在英语阅读中使用母语阅读策略呢?笔者所在的学校2009年9月在七年级开始使用《典范英语》6(北外实验课题教材)。在该套教材第一个故事《海象参加表演》(Walrus Joins In)的第一节课上,笔者发现,在笔者任教班级的22名学生中,只有一名学生表示在阅读英语文章时会较自觉使用母语阅读中已掌握的阅读策略,其余学生几乎没有或从不使用母语阅读策略。不少教师在进行英语阅读教学时,往往忽视初中生已具备的母语阅读能力和策略,常把学生看作什么策略都没有的零起点阅读者。所以在阅读教学前,师生们常觉得心中没底,感觉要从零开始来进行英语阅读教学。

其实 David Nunan 指出,Teaching reading usually has at least two aspects. First, it can refer to teaching learners who are learning to read for the very first time. A second aspect of teaching reading refers to teaching learners who already have reading skills in their first language. You only learn to read once. Once you have learned how to read in one language, you do not learn how to read again in a second / foreign language, but rather you learn how to transfer skills that you have already learned to the new reading context in a new language. (阅读教学通常包括至少两方面内容:一方面是指教初次接触阅读的学习者阅读;另一方面是指教已具备母语阅读技巧的学习者阅读。学会阅读,你只需一次。你一旦在某一语言学会了如何阅读,那么在学习第二语言或外语时,你就不必再学习如何阅读。你只需要学会怎样将自己已有的阅读技巧运用到新学语言的阅读中。)显而易见,我们的英语阅读教学属于 David Nunan 所说的阅读教学的第二方面。培养初中生英语阅读策略可依托学生已具备的母语阅读策略,尽量激活这些阅读策略。教师可明确告知学生在英语阅读中需使用母语阅读策略,并且在设计课堂任务或活动时引导学生具体落实。在 Walrus Joins In 的第一节课上,笔者有意引导学生回顾在小学阶段进行母语阅读时碰到生词是怎么做的,学生的回答几乎囊括了克服生词障碍的所有策略。然后笔者又问学生在前一天的预习阅读中碰到生词是怎么处理的,有没有使用刚才说到的这些策略,大部分学生很茫然地看着笔者,也有小部分学生似有所悟。接着笔者告知学生在英语阅读时碰到生词时可尝试使用下列策略:

- Ignore.
- Guess according to the context.
- Guess according to the illustrations.
- Notice the repeated language.
- Notice the words of the same group.
- Consult the notes.
- Get the help from the teachers and classmates.
- Consult the dictionary.

笔者利用阅读教材 Walrus Joins In 的例子一一阐述这些克服生词障碍的阅读策略。其实这些策略在母语阅读时学生都曾用过,听完笔者的讲解后,学生们逐渐放松了心情,原来英语阅读没有想象的那么困难。师生若能共同重视母语阅读策略并将其运用到英语阅读教学中,则可大大降低初中生英语阅读的焦虑感,提高阅读效率。以下是经过一学期和一学年的英语阅读教学后,学生在自评是否会运用母语阅读经验时的结果统计。

	我进行英语阅读时________会使用母语阅读经验				
	A. 总是	B. 经常	C. 有时	D. 很少	E. 从不
一学期	2人	9人	8人	3人	0人
一学年	4人	10人	7人	1人	0人

误区二:英语阅读活动的设计重视检测阅读结果,轻视阅读策略的培养

笔者在反思自己及其他英语教师的阅读教学设计时发现, 教师们常常会走入阅读教学的一个误区,在阅读后教师们常倾向于设计问题回答、是非判断等活动来检测学生是否理解阅读材料。因为初中生能轻松地共同完成这些课堂任务,师生们均有较大的成就感,故而这样的教学活动设计,英语教师常乐此不疲。那么这些课堂教学活动是否能培养初中生的阅读策略呢?程晓堂指出:“即使设计得再合理, 这样的阅读教学活动充其量只能说明学生是否理解了阅读材料的某些内容(而非全部)。如果学生理解了,我们并不清楚学生是如何理解的。如果学生不理解,我们也不知道学生为什么不理解。”显而易见,以检测阅读理解结果为主导的阅读活动并不能真正提高学生的阅读策略。

许多初中生不能正确理解阅读材料的一个重要原因就是不能监控自己的阅读过程, 也就是平时所说的元认知(thinking about thinking)。培养初中生阅读策略的一个重要方面就是培养学生的元认知策略。Neil J. Anderson 在总结归纳前人研究成果以及结合他自己的教学经验,对元认知阅读策略(Metacognitive Reading Strategies)提出了以下五种策略:

● Setting goals for yourself to help you improve areas that are important to you.(替自己设定目标以帮助你提高对你而言是重要的领域。)

● Making lists of relevant vocabulary to prepare for new reading.(列出相关词汇,为阅读作准备。)

● Working with classmates to help you develop your reading skills.(与同学合作学习以帮助你发展阅读技巧。)

● Taking opportunities to practice what you already know to keep your progress steady.(抓住机会实践你已掌握的,以保持稳定进步。)

● Evaluating what you have learned and how well you're doing to help you focus on your reading.(正确评价你已经学会的和学得怎样以帮助你关注阅读。)

结合以上五种策略,笔者在教学中采取了以下做法:

第一,阶段性教学后,让学生反思:前阶段的阅读目标你实现了吗?下阶段你的阅读目标是什么?你希望在阅读上得到教师什么样的帮助?你对教师的阅读教学有何建议?

第二,让学生以小组合作的方式表演《典范英语》中的故事,要求:改编台词写剧本,准备表演道具,小组成员分工合理、互帮互助,自我及互相监督。每组表演完后,笔者让学生就语音语调、台词、表演、道具、小组成员间的合作等方面进行互相评价。

第三,布置相应的预习和复习作业。①《典范英语》每本故事书的预习作业:在书上画出好词、好句等,并在书上用英语写明选这些好词、好句的原因,准备共享;在 Notes 的动词短语旁写出动词原形,在四种词类(n. v. adj. adv.)旁写明词性;找出同类的单词或短语,在笔记本上归类;跟读录音,模仿语音语调,每周末累积一个半小时,家长将朗读情况签在读书报告上。②复习作业:完成读书报告(book report)(见附件 1)。完成阶段性的阅读情况调查表(见附件 2);英语教师积极进行跨学科听课, 认真研究语文教师在课堂活动中元认知策略及其他阅读策略的引导,并学以致用。

误区三:培养初中生英语阅读策略的低效课堂

培养初中生英语阅读策略的低效课堂是指相当多的英语教师已认可在英语阅读教学中需重视培养学生的阅读策略,但他们不知如何落实培养学生阅读策略。有幸的是笔者所在的学校于2007年参加了北外课题组“语感阅读法”的课题。课题组在2009年提供了一套原汁原味的英语阅读教材——《典范英语》(6~9级)共64部。依托这套“出自名家之手,语言鲜活生动,地道有味,深浅适宜,堪称‘典范’的阅读教材”,笔者和备课组的教师一起集体备课,精心设计任务,培养初中生的英语阅读策略。

阅读策略适用的故事	阅读任务描述	阅读策略
《典范英语》6共18本书	通读全文,结合上下文、课文插图和自己已掌握的知识猜测生词或短语等。	上下文猜词策略
	小组讨论,分析故事的类型和主题。	主题及文章风格策略
	浏览整篇故事,用几句话归纳故事的发生、发展和结局。	全文浏览策略
	利用故事的封面、故事题目、章节小标题、故事插图或教师提供的图片及系列问题等推测故事情节。	预测推断策略
《海象参加表演》	本故事发生在北极,结合自己已有的知识和经验描述北极的气候、地理特征以及生活在北极的动物。	背景知识策略
《吵闹的邻居》	阅读故事,Mr. Flinch使用什么方法试图解决有两位吵闹邻居的问题。	问题查找策略
《皮皮公主的假期》	结合皮皮公主度假时的心情,有感情地朗读句子:It's boring. This holiday is going to be boring.	角色朗读策略
《热带丛林短裤》	小组合作,结合故事情节的发展,画出小主人公Lenny的心情曲线并解释不同心情的原因。	图表运用策略
《清洁女工遭遇海盗》	如果你是故事中的角色——国王Henry,当反对你做清洁工作的王后突然回城堡时,你会选择让三个海盗打扫城堡,还是告知王后其实是你自己打扫城堡的真相?为什么?	深层理解策略
《幽灵船》	①当你看到故事的题目时,你想了解幽灵船的什么信息? ②阅读故事,找出故事的六要素:人物、时间、场景、问题、高潮、情节。	故事要素策略

许多研究表明,培养初中生英语阅读策略最有效的途径是把阅读方法和策略渗透到教学中,所以教师在教学中需有意识地渗透阅读策略的训练;引导和帮助学生在学习中有意识地尝试和使用阅读策略;善于观察学生的阅读策略,为学生提供必要的指导和咨询,并能在教学中

示范相应的阅读策略。

误区四:英语阅读策略培养脱离学生

英语阅读策略培养脱离学生在平时的教学中常表现为:教师不告知具体的英语阅读策略,学生很长时间后才意识到原来在使用某种英语阅读策略;教师将简单的英语阅读策略复杂化,学生往往不知所云;教师在教学中,同时使用多种阅读策略,漠视学生的实际水平和能力,并要求学生在短期内掌握。

怎样做才能使初中生全身心投入到英语阅读策略的培养中呢?笔者认为,教师应充分认识到初中生作为学习主体的这一特征,可以尝试以下做法:

- 直接告知学生所使用的英语阅读策略。
- 用浅显的语言解释某一英语阅读策略并用具体的例子呈现这一策略。
- 在某一阶段,以某一英语阅读策略为主,其余阅读策略为辅,重点掌握这一主要的阅读策略。
- 引导学生认识英语阅读策略对提高英语学习效果的意义。
- 鼓励学生大胆尝试和有意识地使用英语阅读策略。
- 鼓励学生阶段性地监控和反思自己的学习过程和学习效果,不断调整英语阅读策略以提高英语阅读效率。
- 设计合适的英语阅读策略调查表,让学生做好阶段性的自我评估。

这些方法均可以落实到平时的英语课堂教学,特别是制定英语阅读策略的自我评估调查表,不仅可以客观反映学生英语使用阅读策略的情况,还可以直接告知学生在平时英语阅读中可以使用哪些好的英语阅读策略,是阅读策略课堂教学的有益补充。

附件 1

Book Report

Name ________ *Date* ________

Title ________________

Author ________________

Main Characters (Give a brief description of each character)

1. ______ ____________ *2.* ______ ____________

3. ______ ____________ *4.* ______ ____________

Summary (Beginning, middle and end of the story)

____

____

My favorite part

____

____

My evaluation (Circle one number)

1 2 3 4 5 6 7 8 9 10

I didn't like it! I loved it!

Reasons ____________________

____

This book is ____________. *(Check one)*

☐*easy to read* ☐*just right to read* ☐*a little difficult* ☐*too hard*

For Parents to Sign

____

Parent signature ____________________

附件 2

阅读情况调查表

班级____________ 姓名____________

阅读方式和阅读策略(英文阅读问题请参照本学期的《典范英语》阅读经验)

1. 我的英文阅读速度____________。

A. 很快 B. 较快 C. 一般 D. 较慢 E. 很慢

2. 在阅读英文读物时,我____________能集中注意力。

A. 总是 B. 经常 C. 有时 D. 很少 E. 从不

3. 在阅读英文读物时,我____________会把看到的内容翻译成中文。

A. 总是 B. 经常 C. 有时 D. 很少 E. 从不

4. 在阅读时,我的脑海中____________会形成故事场景的图像。

A. 总是 B. 经常 C. 有时 D. 很少 E. 从不

5. 在阅读时,我____________能从字里行间理解作者的意图。

A. 总是 B. 经常 C. 有时 D. 很少 E. 从不

6. 我在进行英语阅读时____________会运用母语阅读经验。

A. 总是 B. 经常 C. 有时 D. 很少 E. 从不

7. 如果书中配有注释,我____________会参看注释。

A. 总是 B. 经常 C. 有时 D. 很少 E. 从不

8. 在阅读有插图的英语读物时,我____________关注插图给我提供的信息。

A. 总是 B. 经常 C. 有时 D. 很少 E. 从不

9. 我____________会根据上下文猜测生词的含义。

A. 总是 B. 经常 C. 有时 D. 很少 E. 从不

10. 我____________会主动标出或摘抄书中优美的词句或段落。

A. 总是 B. 经常 C. 有时 D. 很少 E. 从不

11. 我__________会主动背诵书中优美的词句或段落。

A. 总是　B. 经常　C. 有时　D. 很少　E. 从不

12. 在阅读完一篇英文材料或一本英文读物后，我__________有一种满足感。

A. 总是　B. 经常　C. 有时　D. 很少　E. 从不

《典范英语 6》(9~12)阅读情况自评

13. 词汇量__________

A. 很小　B. 偏小　C. 合适　D. 偏大　E. 很大

14. 词汇的掌握__________

A. 很容易　B. 偏容易　C. 合适　D. 偏难　E. 很难

15. 小组表演__________

A. 很有趣　B. 偏有趣　C. 有趣　D. 偏无趣　E. 很无趣

16. 你对自己《典范英语 6》(9~12)学习的总体评价__________

A. 很满意　B. 满意　C. 一般　D. 不满意　E. 很不满意

第三章　初中英语文学阅读教学初探

一、问题的提出

阅读教学是英语教学的重要组成部分。随着教师对科学教材观的深入理解，在阅读教材的使用中出现了一些令人欣喜的现象，如教师根据学生的语言能力对教材进行增、删、整、改，教师参与阅读课程资源的开发等。但综观目前初中阶段采用的教材，设计编排大都围绕语言结构、功能、话题、任务，实用性强，阅读的主要目标是寻找信息。这样的阅读取向直接导致了中小学生功利性阅读的大行其道和英语文学经验的极度贫乏，也难以实现阅读教学的宗旨，即培养学生感受、理解、欣赏和评价的能力。

反观我们的中文阅读要求，小学1~2年级的阅读目标就已提出：喜欢阅读，感受阅读的乐趣；阅读浅近的童话、寓言、故事，向往美好的情境，关心自然和生命，对感兴趣的人物和事件有自己的感受和想法，并乐于与人交流；诵读儿歌、童谣和浅近的古诗，展开想象，获得初步的情感体验，感受语言的优美。这一目标符合小学生的身心发展特点，为初中阶段学生的语言理解力和鉴赏力跨上新台阶打下了基础。但初中英语阅读教学由于非常缺乏文学阅读，使学生的母语和外语语言鉴赏力出现了严重不对称。

Grellet让问题变得更清晰：“我们为什么阅读？阅读的目的主要有两方面：为了愉悦，为了获得信息。”当学生们埋头在阅读材料中寻找信息的时候，我们是否问过他们：你们获得愉悦了吗？当然，找到信息会给人成就感，理解了作者的意图也会带来共鸣，但这些都无法与阅读文学作品所产生的愉悦感相比。因为语言不仅是交流的工具，更是人类文明、文化、思想的载体，所以语言教育不可能只是单纯的语言技能训练，而是一个陶冶性情、构建精神的文化教育过程。文学类作品是最能体现人文和文化特点的学习材料，它不仅能够帮助学生开拓视野、使其接触到鲜活、真实、生动的语言，它对奠定学生的人文底蕴，构筑学生的“内在精神”具有潜移默化的作用。柯安利也认为，语言的文化性不单单体现在外语国家的人文地理、风俗习惯等，最精粹的表现应该是文学，文学作品是了解异域文化的一面镜子，能更生动具体地反映异域文化。

二、实施文学阅读教学的困难及前期准备

Krashen 认为，语言学习者可通过接受可理解输入来提高他们的语言能力，他把可理解输入定义为"i+1"。"i"代表语言学习者当前的语言知识或能力，语言学习者接触到适合自己能力的语言输入应该是"i+1"，输入在一定限度上超出个人的现有水平，习得就自然而然地产生。在初中英语教学中加入文学阅读，会产生一个显而易见的问题，即英语文学作品中的语言难度远远超出初中学生原有的语法知识和词汇基础。也就是说，"i+1"中的"1"可能远远大于"1"，这也是一些人反对开展中学英语文学阅读教育的主要理由。

同时，在输入到内化的过程中，学习者的学习动机、学习态度、自信心、焦虑等也在起作用，Krashen 称之为"情感因素"。它们对语言输入有着过滤作用，从而决定着学习者接收输入的多少。缺乏自信或焦虑会阻碍学习者形成对语言形式的深刻印象，以至于学习者在交际中不能自如地对语言形式进行排列组合，只有在最佳情感条件下，才会产生真正的习得。我们选用的《典范英语》6 级读物起始阶段每本书文字加插图为 30 页，插图为黑白漫画，书后的中文注释（包括单词和短语）在 100 个左右，其中有些词汇对英语教师来说也非常陌生。由此可见，词汇障碍导致的阅读焦虑感是亟需克服的难题。

根据初一备课组制定的授课计划，第一阶段的阅读将在完成《新目标》（七上）的内容后开始，内容为《典范英语》6 级①~④册，每本书 4 课时，共 16 课时，为随后的寒假独立阅读打好基础。我们做了以下准备工作：

1. 进行需要分析

利用《阅读情况调查表》从阅读兴趣和动机、阅读内容、阅读方式和阅读策略等方面了解学生母语阅读和英文阅读的情况。

2. 制定教学目标

根据每本书制定具体的语言知识目标，但本阶段的主要目标在阅读技能、学习策略和情感态度方面。

（1）阅读技能

学生能根据上下文和构词法推断生词的含义；能理解各句子之间的逻辑关系；能找出故事主题，理解故事情节，预测故事情节发展和结局；能较显著地提高英文阅读速度；能利用词典等工具书进行阅读。

（2）学习策略

学生能自觉运用阅读策略并根据需要调控自己的阅读策略；能初步进行自我评价和同伴评价；必要时能结合母语阅读经验进行英文阅读。

（3）情感态度

学生具有阅读兴趣，能克服焦虑感，初步感受文学语言的魅力；乐于与同伴分享阅读经验；乐于表达关于故事情节、人物等方面的观点。简言之，学生通过第一阶段的阅读教学能逐渐消除阅读焦虑感，较深刻地理解故事，形成一定的阅读策略。

3. 确定教学环节

①预热：激活背景知识。　②快读：了解故事情节。③细读：体会字里行间。

④分角色朗读：浅层输出。⑤故事表演：内化输出。⑥分析与分享：理解性输出。

三、文学阅读教学过程分析

本校英语教学以小班形式进行，每班学生数20~22人，阅读内容为《典范英语》6级①~④册。故事简介如下：①《海象参加表演》(以下简称《海象》)：海象想参加冰上表演，但它什么都不擅长。它参与了朋友们的表演却搞砸了一切。最后它成了受观众欢迎的小丑，和朋友们一起表演。②《吵闹的邻居》(以下简称《邻居》)：Flinch先生有两个吵闹的邻居，他实在忍受不了，就使出一些诡计想让他们搬走，包括出钱。结果他发现两个邻居只是交换了各自的房子。③《皮皮公主的假期》(以下简称《假期》)：皮皮公主和父母去海边的城堡度假，却倍感无聊。在女仆的帮助下她在海边找到了无穷的乐趣。④《噢，奥托！》(以下简称《奥托》)：来自外太空的绿色男孩奥托来到地球学校学习，他常常误解英语中的俗语，闹了很多笑话。在寻宝游戏中他和同学齐心协力找到了"宝藏"。

教学环节1：预热——激活背景知识

Carrell和Eisterhold指出，如果读者的背景知识未被激活，会导致阅读理解的失败。这些背景知识包括学生原有的知识、故事所提供的资源(如标题、作者、插图、章节小标题等)。表格1是阅读四则故事前不同的预热方式。

故事	方法	教师行为	学生行为
①《海象》	激活原有知识	通过地图引出故事发生地——北极	头脑风暴：北极的气候特点，特有的动物如海象、北极熊、北极狐等；表达对这些动物的感觉
②《邻居》	预测情节	引导学生关注封面信息和标题(封面：一邻居拉琴，一邻居修车，Flinch先生捂住耳朵作痛苦状)	小组讨论，根据封面信息和标题预测故事情节：Flinch先生遇到了什么问题，他会如何解决这个问题
③《假期》	讨论主题，预测故事发生的背景	了解学生的寒假计划；利用猜测度假名人的游戏引出主题；引导学生关注封面信息	分享自己的假期计划；利用封面信息预测故事中的季节背景、度假地及所需东西等，对假期有具体、感性的认识
④《奥托》	展开想象，联系自身生活经验	引导学生关注封面信息和标题，鼓励学生想象为什么奥托是绿色的，标题Oh, Otto!应该用什么语气读；设计新学生到来的场景	通过小组讨论，想象奥托是绿色的原因；用不同的感情(如愤怒、无奈、兴奋等)朗读标题，产生好奇；头脑风暴新学生将会遇到的困难、如何提供帮助

从以上"教师行为"一栏可以看出，教师非常注重引导学生关注封面信息和标题，这一做法在实践中也取得了较好的效果。Goodman的"自上而下"阅读模式认为，读者在接触到阅读文本时，其中的标题、某个词、某个图表甚至某个符号都有可能激活读者大脑中的某些相关知识，从而使读者找到阅读定位，并形成对所读内容的预测。

教学环节 2:快读——了解故事情节

	教师行为	学生行为
Step 1	导入阅读策略，如根据上下文和插图猜测生词的含义、利用各章节小标题预测故事发展、注意关键词等	结合母语阅读经验和教师给出的实例理解阅读策略
Step 2	在班级中走动,向有需要的学生提供帮助	快速阅读故事，尽可能运用所学的阅读策略,大致了解故事情节
Step 3	提出与情节相关的问题或引导学生建立故事情节的思维导图	通过回答问题等活动回忆故事情节,在大脑中形成故事的框架
Step 4	引导学生回忆刚才阅读时运用的策略	回忆所运用的阅读策略，举出实例或口头复述刚才的阅读过程

Anderson 认为，帮助学生监控自己策略使用情况的最佳方式是口头报告，也叫“有声思维”。这一要求对于初一学生来说有难度,且在一定程度上会破坏阅读理解的整体性,因此教师在课堂上运用此教学策略时做了微调,即口头报告在读完故事之后以举例的形式呈现,这样降低了“有声思维”的难度,但同样能给同伴以借鉴作用。

教学环节 3:细读——体会字里行间

故事中富有悬念的情节、生动的对话描写、各有特色的人物都可以激发学生阅读的兴趣。通过细读环节,学生能清晰地了解故事细节,体会人物性格,使教学环节 2 中的框架变得有血有肉。在这一环节,教师设计问题或场景,引导学生寻找细节;学生仔细阅读故事,这是学生与故事的“第二次亲密接触”。表格 3 以四则故事为例,呈现了教师在教学中采用的寻找细节的不同模式。

故事	框架	寻找细节的模式
①《海象》	提出问题：海象想参加表演→试图解决问题：海象参加表演却破坏了朋友的演出→解决问题：海象以小丑的身份参加表演	在对比中体会细节： 1.朋友们擅长什么(溜冰、翻跟头、唱歌、潜水)——海象擅长什么(无)。 2.表演开始时的精彩——表演被破坏时的惨状。 3.演员们忐忑的心情——观众们热烈的反应。 4.海象道歉后四位朋友的不同反应。
②《邻居》	提出问题:Flinch 先生有两个吵闹的邻居→试图解决问题：用死老鼠和装鬼叫吓走邻居不成功，再出钱让他们搬走→结局：两位邻居互换房子	设计场景引出细节：由于故事没有圆满的结局，教师设计了“法庭审判”的场景,引导学生通过自己的理解给出恰当的解决方式。 介绍当事人:学生扮演法院工作人员,根据故事所提供的信息,每组各介绍一位当事人(姓名、职业、爱好、性格等)。 陈述事件经过:每组各扮演一位当事人,用第一人称陈述事件经过。教师扮演法官,穿插提问。(教师提醒学生注意各角色所站的角度)

续表

故事	框架	寻找细节的模式
		讨论、调解：休庭，各小组从所扮演角色的角度出发，讨论想要的结果。再次开庭，各当事人陈述要求，法官进行调解。各方达成共识，形成最终调解结果。
③《假期》	对比故事开头和结尾公人主截然不同的态度：It's going to be BORING! →I don't want to go home!	"爬山活动"：故事的发展就像爬山，慢慢到了顶峰又回到平地。故事的开头和结尾对比鲜明，学生要把中间的"里程碑"列出。 1.公主的无聊情绪是如何达到顶峰的(吃、住、玩)。 2.关键人物女仆的作用：带领公主寻找海边的乐趣(吃零食、捉鱼、堆沙堡、坐旋转木马和过山车)。 3.国王和皇后的加入。
④《奥托》	新学生在一个新环境可能遇到的问题和可能得到的帮助，如何融入？	教师设计访谈，了解奥托的地球生活；学生充分想象，补充"前传"和"后记"： 学生扮演奥托，通过访谈讲述地球生活的烦恼(与同班男生的冲突、误解英语俗语的含义等)和乐趣(老师和朋友的帮助、寻宝游戏等)。 学生想象奥托的来历(家庭、居住的星球、来地球的原因等)，设想奥托的去向(留在地球还是回到自己的星球，原因何在)。

教学环节4：分角色朗读——浅层输出

本套故事配有地道的录音，纯正的英式音和戏剧化的朗读使学生的模仿有了很好的范本。在起始阶段，优美语音语调的形成也是文学阅读教学的重要"产品"。在这个环节，学生以4~6人组成的小组为单位，在课外分配角色并进行排练，课堂上分角色朗读，听众们从语音语调、感情色彩、模仿的逼真度等方面给予评价。

教学环节5：故事表演——内化输出

每个小组将选取其中一个章节表演，四个小组合成一个完整的故事。与教学环节4相比，此环节对创造性的要求大大提高。由于各章节人物的台词比例不一(如旁白的台词比例通常较大)，各小组会对各自的章节进行适当的改编，特别是把旁白的内容改成对话或表演的场景。表演时，观众们针对语言、表演、小组合作等方面进行评价。

教学环节6：分析与分享——理解性输出

严格地说，这一环节是分布在前面各个环节之中的。从理清框架、寻找细节的输入环节到朗读、表演的输出环节，教师和学生一直处于互动之中，内化正是在学生理解的过程中发生的。但此环节仍有一些较有代表性的活动：分享阅读欣赏的经验（如分享最喜欢的部分并说明理由）；分享对故事的理解；从语言、情节、人物、蕴含的哲理等方面对故事做出评价；通过读书报告和习作锻炼写作能力。如读完《假期》后，学生以皮皮公主的口吻写了一篇日记，回忆这个难忘的假期；读完《奥托》后，经过全班投票后，学生们认为奥托回到自己星球的可能性更大，于是他在回去之前(或回去之后)给地球朋友们写了一封信，回忆了在地球学校的美好时光并向大家致谢。这些写作任务的主要目的是让学生在回顾故事的过程中表达自己的理解，提高综合语言运用能力。

四、文学阅读教学的积极作用

经过以上文学阅读教学过程，笔者观察到，虽然阅读量仍比较欠缺，但学生已经有了明显的变化，主要表现在以下四个方面。

1. 阅读焦虑感逐渐消失，阅读兴趣显著提高

在第一阶段阅读教学结束后进行的问卷调查中，学生们做出了以下评价：

项目	词汇量		词汇的掌握		对自己在阅读中的总体评价		
	合适	偏大	难度合适	偏难	满意	一般	不满意
比例	73.8%	26.2%	81%	19%	76.2%	23.8%	0%

由此可见，学生们通过运用和调整阅读策略，已经渐渐脱离了词汇障碍，阅读能力逐渐提高，并且在阅读过程中获得了愉悦感和成就感。

2. 语言感悟力迅速提升，对故事主题理解深入

随着阅读能力的提高和阅读兴趣的增强，学生在语言感悟力方面显示了极大的潜力。在分享阅读欣赏经验环节，最初学生举的例子主要是描写较生动的语句或段落，评价语言主要集中在 vivid，interesting 等词上。之后，这种分享上升到了对故事情节和人物的深度理解，表述方式也发展为 I enjoyed this part very much because it tells me/shows that...笔者在课后的“教学手记”中记录了一些分享的实例(参见附件 1)。感悟力的提升使学生们对故事主题的理解更加深入，在教师引导下很快发展为自主理解。如在解决《海象》和《邻居》中的问题时，学生们认为当问题出现时应该站在他人的角度考虑一下，一味地坚持蛮干结果可能会很糟糕，有时相互妥协才能解决问题。在陈述奥托回到自己星球的原因时，学生们认为 Being different from others makes his life difficult，这正点出了作者想要表达的主题。

3. 创造力和语言思维力提高，合作意识增强

在故事表演环节，各小组会根据需要改编故事、撰写剧本，这是学生们结合自己对故事和人物的理解进行创造的过程。在这个过程中，人物的个性更鲜明了，故事的发展更具逻辑性，弥补了原有故事中因篇幅限制产生的情节跳跃的缺憾。例如在《邻居》的表演中，第一章中完全没有人物对白，但学生在改编的剧本中引入了一位新人物，借助她结识新邻居的场景表现了书中三位主人公的性格特点：Flinch 先生吝啬、Carl 喜欢修理汽车、Poppy 热爱音乐(详见附件 2)。

由于小组活动形式的广泛运用，学生们的合作意识与能力大大增强。他们自主分配角色、改编剧本、准备道具(如《假期》中的旅行箱和皇冠、《奥托》中的金币巧克力和寻宝线索图等)、排练，慢慢在协商中达成共识。当然，他们的合作中也有稚嫩的方面，如忽视同伴表演时自己所扮演的角色应作出的反应，因此笔者建议各小组确定一个“导演”来担当综观全局的任务。

4. 分享意识逐渐加强，评价能力显著提升

在课堂中，学生获得了大量分享经历、观点和情感的机会。在快读之后的口头报告阅读策

略环节，这种分享不但监控了自己的阅读策略，而且给同伴提供了宝贵的阅读经验。如阅读《邻居》后，学生举例：①I guessed the meaning of "miser" from "He never gave away a penny". ②I guessed bassoon is a kind of musical instrument with the help of violins and drums. 在阅读《假期》时学生根据插图推断出 a four-poster bed, a straw mattress 等词汇的意思。

在评价同伴的朗读和表演时，评价者和被评价者之间实现了双赢，被评价者了解了自己的优缺点，评价者的观察和评价能力得到了提升，学生逐渐具备了难能可贵的形成性评价的意识。例如，①在朗读《假期》时，两个班级的评价风格有所不同：一个侧重于对朗读中的语音的纠正和评价模仿的逼真程度，一个侧重于评价角色的分配和小组的合作。②注意到同伴的进步：David reads more clearly this time. ③能进行自我评价：We did better than last time in the performance because we wrote the words by ourselves and we used things like suitcases and backpacks. These made the performance more vivid. ④训练了批判性思维：Princess Pip is a spoiled girl but Amy is too kind. The princess will not say "May I have some fish sticks? " Maybe she'll just take something away without paying any money, because she is a princess and she never knows she needs to pay money for something she wants.

五、结束语

《英语课程标准》指出，英语课程的学习，既是学生掌握英语知识和技能，提高语言实际运用能力的过程，也是他们陶冶情操、开发思维能力、发展个性和提高人文素养的过程。文学阅读给学生提供了一个较理想的提高语言能力和人文素养的平台。我们将不断改进教学模式，设计更科学的评价工具，加强阅读和写作的结合，随着学生阅读能力的提高逐步过渡到名著阅读，力求使学生成为语言能力和人文素养并重的人。

附件 1：笔者教学手记

(1) January 22, 2010

同学们敏锐的观察能力和对 *Princess Pip* 性格细腻的挖掘使这个原本并不算生动的故事光彩照人。*eg.* ①*Yileen: At the beginning, Princess Pip scowled, 'This holiday is going to be boring! ' In the end, she scowled again, 'I don't want to go home! ' They echoed with each other and showed the big difference.* ②*Jenny: Princess Pip didn't want to wave to the people. She folded her arms and immediately asked a question: 'Are we nearly there yet? ' She asked this question because she wanted to distract her mother so that her mother would stop asking her to wave to the people.* ③*Mike: When the sea washed their sand house flat, Daisy said, 'We built our house too close to the sea.' She thinks it's their own fault. But Princess Pip said 'Stupid sea! Stupid seaside! 'She thinks it's the sea's fault. This shows that she is a spoiled girl.* ④*Kathy: When Daisy suggests to build a SANDCASTLE, Princess Pip says 'A sand HOUSE'. Because Princess Pip always lives in a castle and she doesn't want a castle anymore.*

(2)*January 25, 2010*

学生阅读和领悟的细致程度要赞一个！现在的 *share favorite parts* 环节已经渐渐从单纯的语言欣赏转化成学生自己对故事细节的理解，慢慢接近我心目中的 *read between lines* 状态。*Examples*：①'*But he fell down... and so did all the paints. Now Charlie was green, too–and he wasn't happy about it.*' →*Kathy*：*There are many paints on the desk, but only the green paint goes to Charlie's face and he becomes green. It is an echo with* '(*Otto*) *was a different color. He was green.*' ②'"*If you stand there, you'll get eaten by a bear.*" *said Charlie.*' →*Harry*：*Charlie scared Otto by telling him about the bear because in his eyes, the head teacher is just like the scary bear. / Jim*：*Charlie did this because his head teacher scared him like this before, and he used the same thing to scare Otto.* ③'*Enjoy your trip!* ' *Charlie laughed, and ran off with Josh.*' →*Cherry*：*Charlie tripped Otto up and said "Enjoy your trip". The "trip" has two meanings.*

附件 2：学生改编的剧本

Noisy Neighbors Chapter 1

Characters：*F—Mr. Flinch*，*P—Poppy Plink*，*C—Carl Clutch*，*S—Sharon*(*the woman who lives behind Mr. Flinch*)，*B—a young beggar.*

Scene 1*：*Sharon meets Mr. Flinch

S：*Good morning, Mr. Flinch. Why do you always look so unhappy?*

F：(*sighs*) *You don't know that.*

S：*Let me guess. Is it your grey house that makes you unhappy?*

F：*Of course not. I love my grey house very much.*

S：*Well... Are you poor?*

F：*No, I have lots of money.*

S：*I give up. Do tell.*

F：*Because my neighbors make so much noise. I can't stand it.*

(*The young beggar appears.*)

B：*Would you give me one penny? I am so hungry.*

F：*Go away, you dirty kid!*

B：*Give me a penny!*

F：*Impossible!*

S：*Don't cry! Here are some pennies.*

B：*Thank you.* (*pointing at Mr. Flinch*) *He is a mean and miserable man.*

S：*I see.*

F：*Goodbye, Sharon.*

S：*Bye.*

Scene 2: Sharon meets Carl Clutch

S: How are you, Carl?

C: Thank you, I am fine.

S: You are hard-working.

C: Yeah. Because I like cars and motorbikes and vans and lorries. Also, I love my job.

(Hammers banging, spanners clanging and engines revving.)

Scene 3: Sharon meets Poppy Plink

S: How nice the house is and how nice your music is!

P: Hello! Thank you! (She sits down at the grand piano and starts to play music.) After breakfast, my students will arrive. I am so happy!

Scene 4: Mr. Flinch can't stand it

(Mr. Flinch stays between Poppy and Carl.)

Mr. Flinch shuts the window, ("Brum brum, tootle toot, bang.") puts his fingers in his ears, raps the window, ("Brum brum, tootle toot, bang.") and writes a letter. But stamps are so expensive so he tears them all up and shouts: "This can't go on!!! "

(The doorbell rings.)

F: Come in!

B: I can tell you a good idea about how to kill the noise.

F: What?

(The beggar takes his hand out. Mr. Flinch gives him a penny.)

B: (whispers) You can... That will get rid of them.

(Mr. Flinch gives a smug smirk.)

第四章　利用任务分解引领学生深入阅读

一、阅读存在问题

我校学生于七年级开始使用《企鹅阅读》(北外试验课题教材)教材,每周一本。使用初期,教材中的英语原版故事使得学生们感到新奇,简单易懂的语言使得学生们能够较积极主动地学习。但随着阅读难度加大以及新鲜感消失,学生在阅读中暴露出如下问题:1.故事只是简单阅读,不愿投入更多时间进行研读,导致不能有效地吸收教材的精华。2.不愿主动地了解作者及其写作背景,导致不能深入地掌握故事的内涵。3.对于文章词句的关注只停留在生词阶段,导致好词佳句不能完全吸收。因此,学生在输入这个环节较被动,达不到预期的阅读目的和效果。就如何解决如上问题,如何充分调动学生的阅读积极性以吸收原著的精华,有效地进行阅读,笔者为此以文本为载体,以培养学生语言综合运用能力和提高学生文学素养为目的,采用 RBS (Reading Breakdown Structure)阅读任务分解方法对学生就阅读内容分别针对课前预习、课堂操练和课后拓展等分别进行任务分解,制定相应的 RBS,利用任务分解细化引领学生深入阅读,从而达到阅读的目的和效果。

二、阅读任务分解(RBS)

为了充分利用教材,培养学生的英语综合能力。笔者根据学生的水平,以及故事本身的特点,采用 RBS(Reading Breakdown Structure)阅读任务分解方法,针对不同阶段分别进行课前预习任务分解、课堂任务分解及课后拓展任务分解等。RBS 主要是将某一任务细化成一个个不同的子任务,并给出子任务完成的时间节点及任务的责任人等信息,并留备注栏供记录任务完成情况等。

1. 课前预习任务分解

(1)每周阅读一本

制定课前预习任务分解(RBS)时要求学生每天课外大声朗读一定页数,如 3~5 页。此阶段的 RBS 的责任人有两人:其一是家长,其二是班级英语小组组长(班级 4~5 人划分为一个小组,任命组长一名)。家长的责任是负责在 RBS 该项任务的备注栏记录该生每天的阅读时间,并对其朗读的态度进行简单评价；而英语小组组长的责任是每天对该生朗读的页数和内容进行检查，同时对朗读的情况进行评价，并记录于相应的备注栏。

根据学生阅读速度和学习时间的情况，要求学生每天朗读3~5页，在实施《企鹅阅读》初始阶段，制定任务分解时可要求学生每天大声朗读10~20分钟。为了使学生读出兴趣，笔者根据之前制定的RBS计划，定期组织学生进行朗读比赛，分别针对个人、小组、班级及学校设置不同类别的奖励，如金话筒奖、最佳配音奖、最具潜质奖、最佳演员奖、最佳团队奖、最佳组织奖等，并举行颁奖仪式。任课老师和全体学生均是评委，评判根据学生朗读时的语音、语调、流畅性、生动性等方面。在此过程中，学生关注和比较参赛学生在朗读比赛中存在的优缺点，从而在比赛中学会从不同方面深入理解朗读。进而使得他们在朗读中读出了自信、读出了兴趣。下面是一位同学在校级朗读比赛中的获奖感言：

"我喜欢《企鹅阅读》这一系列阅读丛书，尤其是《瑞普·凡·温克尔和睡谷传奇》。早先，我以为英语读物会很枯燥、很难读，但是《企鹅阅读》彻底颠覆了我这个想法。阅读时，我快乐着，感动着。因为我能一口气能读下来，流畅得如朗读一篇中文文章，所以我的心中充满了成就感！我会读，我会流畅地读；我喜欢，我喜欢文中的人物；我自信，我拥有莫大的豪情！我在不知不觉中收获了英语！我想说，英语，I love you！"

(2)摘抄生词和好词佳句

制定RBS时，该项任务分解为针对每个故事，学生需至少摘抄10个单词、15个词组和10个佳句，把含有该生词和词组的句子摘抄下来，并分析所摘抄的佳句，此任务完成时间接点根据笔者的课堂阅读的计划相应地提前，责任人是学生本人。

为了引导学生学会欣赏书中的好词佳句，笔者要求学生在通读故事之后，再默读一遍，边读边摘抄好词佳句和生词。在阅读课堂里，让学生读出自己所摘抄的句子，并与大家分享其所理解的句子的妙处。随着时间的推移，学生能迅速识别佳句，特别是在看似简单的句子中发现其所蕴含的地道、简洁、活用、哲理等妙处。例如："One for all, all for one"(Dumas, A.著；Mowat, D.改写，2006)."The questions swim in his head"(Harte, B.著，Dagnan-Veness, C.改写，2006)."White is the color of ice and ice takes strong ships down under the water. White is the color of a man's eyes when he can't see. White is the color of dead men. White is evil and this whale is evil."(Melville, H.著；Burke, K.改写，2006)通过对好词佳句的赏析，学生们逐渐发现用简单句也可以写出好的文章，也可以地道地表达自己的思想。

(3)画人物关系表

RBS要求阅读时画出书中主要人物的关系表，并注明人物之间所发生的主要事件。

对于一篇人物关系或故事情节比较复杂的小说，为了使学生迅速弄清情节或人物关系，对文本内容有一个整体认识，笔者要求学生们在读故事的同时画出人物关系表，并旁注人物之间的主要事件，对主要人物做相应的个人档案。随着学生能力的提高，可以进一步对故事里的人与事进行简短的解读。通过这项任务，学生不仅理清了故事的脉络，还学会了对故事进行深入分析。

(4)查阅作者及故事的背景知识

通常说文如其人，一部好的作品不仅折射出作者所处的社会地位，也表达了作者的生活态度及对社会的看法,作者所处的社会环境也会影响作者的观点。为了更好地理解一部作品,读者有必要了解作者的生平以及写作的时代背景等。为此,笔者要求学生们在课前阅读每个故事时,需同时查阅该故事的作者及写作背景。

2. 课堂任务分解

由于本阅读文本不是简单地阅读理解小练习,而是阅读内容丰富、故事性强、人物个性鲜明、对白以场景等描写较丰满的以小说为主的文学作品。笔者为了充分利用故事的人物、对白及其他的素材,把课堂任务分解成几项简单、有效的活动。

(1)把小说改编成小品并进行表演

要求:选取小说里的某个章节,把该章节改编成小品,根据小说里的主要人物设定角色(可以有旁白),每个人物必需有5句以上的台词。要求脱稿表演。每个剧组可自由组合。

根据《企鹅阅读》丛书特点,其人物活动、对话和一定的场景,较适合改编成小品。每个剧组可由学生们自由组合而成,根据自身的能力大小,选择自己喜欢且能胜任的角色来表演。此任务极大地调动了每个学生参与此项活动的兴趣。学生们为了在表演的过程中不出“洋相”或不拖其他学生的后腿,均能认真准备。观看别人表演过程也是一个听英语,欣赏表演,和对比自己表演的过程。为了让每个学生都能积极参与表演和认真地欣赏其他学生的表演,笔者让每个学生都充当评委,给其他组的学生打分。最后根据他们打分的结果评出最佳男女演员,最佳剧本等奖项。

(2)描述书中插图

书中的插图往往是对故事中重要情节或高潮部分进行直观的诠释, 一幅好的插图不仅展示了故事本身内容,也展示了主人公在此时此景中的心情。课堂上,笔者引导学生观察故事中的插图,并让学生对插图进行描述,然后再让其找出文本中对此图的描写,对比作者在描写该片段时的角度和所用的关键词,通过对比分析提高学生的口语表达能力。通过这个任务,不仅培养了学生的观察力,也提高了学生对故事细节的描述能力。例如,《高塔里的房间》中有一段描写在房间里有一幅可怕的照片。

为了让学生能够更好体会作者当时的感受,笔者设置如下系列问题:

T: Where do the ghosts usually show up?

S1: In the dark places. S2: In some old houses. S3: In some empty castles etc.

T: When do they usually show up?

S1: Later in the day. S2: At the dawn. S3: In the night. S4: In the evening etc.

T: What do ghosts look like in the stories that you have once read before?

S: Long white hair, big red mouths, hollow big eyes, without feet etc.

T: Besides their scary looking, what do the ghosts do to scare you?

S: They usually do some frightening and weird things mysteriously.

T: Yes, you are right. One day, it was getting darker and darker; suddenly the narrator “I” saw a picture on the wall. What kind of picture is it? Who is in the picture? What color is her hair? What color is her mouth? And how are her eyes? Why are they very dangerous? And how are her cheek bones? What weird thing will happen?

…

通过对细节的回答，那种恐怖的氛围和感觉就慢慢地笼罩着同学们，他们很快有了身临其境的感觉，两分钟后，他们就把这样一张照片变成了一个生动可怕的故事了。学生们在描述的过程中，笔者对问题进行分解，使学生针对分解的任务进行作答，从而引领其深入阅读。

(3)故事沙龙

要求：用自己的语言讲述所学的故事。本套阅读教材中有很多生动的故事，为了充分利用教材，笔者根据 RBS 中制定的任务定期在课堂里举行故事沙龙比赛。面对同一批听众讲同一个故事，要胜出很不易，它不仅要求该学生对故事情节很熟悉，且需有很强的语言组织能力和语言表达能力。为了提高学生们的讲故事能力，笔者及其他学生现场对讲故事的学生进行点评。经过一段时间的锻炼，学生们讲故事的能力明显提高，且部分学生克服了先前的害羞心理。

(4)今天我主讲

要求：选取和本周所读故事有关的内容，做成幻灯片(PPT)。PPT可以介绍作者、故事的历史背景，或故事中某章节、某个片段的赏析等。具体要求：①2~3 人合作，每人均需上台轮流发言。②所选的内容不得和其他组重复。③PPT 要以提纲形式呈现，不得出现整段文字。不能把书中内容照搬照抄到 PPT 上。④介绍过程中要设有一定的互动活动。

根据上述要求，学生们需熟悉其讲解的内容，以便把故事内容转换成自己的语言，且需有一定的上课技巧。刚开始执行此任务时，有的学生不知如何入手，笔者就手把手地教他们如何确定讲座内容、从哪些方面入手。学生们做完 PPT 之后，笔者现场对 PPT 的内容和形式进行指导。在学生们展示 PPT 后，及时引导其他学生对该组学生在展示 PPT 过程中存在的优缺点进行评价，评价内容包括 PPT 的内容、PPT 的背景设计，该组学生对内容掌握的熟练程度、语速、声音大小等。在评价过程中学生们学会了当“老师”。在执行此类任务的过程中，学生们不仅仔细研读故事内容，而且积极地积累词语。此类细化的任务型阅读方式比通篇泛读更有成效。

下面是笔者所教班级的两位学生对大仲马的介绍，内容包括其家庭背景、社会背景和生平主要事件等。

PPT1：Introduction of the author

Name：Alexandre Dumas

Date of birth：24 July 1802

Nationality：French

Job：novelist，writer

Famous for：historical novels

PPT 2：His family

Grandfather：a French nobleman

Grandmother：a black slave

His father：a general in army

His son：Alexandre Dumas，fils（小仲马）

PPT 3：His early life

…

PPT 4：The life of being famous

…

PPT5：The famous works

…

PPT 6：The background of the novel：The Three Musketeers

…

从内容来看，这两位学生显然是把原有的信息加工成了自己的语言：生词少，句式简单，通俗易懂，且信息量很大。

通过此两位学生的介绍，其他学生了解到：大仲马出生于不平常的家庭；他饱尝种族歧视的痛苦，心灵受到创伤；他的一生跌宕起伏，因此造就了他叛逆的个性以及对友谊的珍惜。同时通过对法国国王路易十三(1601-1643年)朝代由权倾朝野的红衣主教黎塞留掌权这一历史事实的介绍，学生们更好地理解了《三个火枪手》的故事。通过这样一个任务型活动的分解，学生们不仅对《三个火枪手》作品本身有了深刻的理解，而且扩大了知识面。

有位学生感言道：做报告压力很大，做PPT的时候不仅要对书本内容了如指掌，还要注意怎么才能把自己所掌握的内容传达出去，让听众明白。在讲台上讲课很紧张，就连叫哪位同学来回答问题学问也很大。不过经过几次锻炼后，我学到了很多。

(5)简写故事梗概

要求：用自己的语言把该故事的主要情节和人物介绍一下，整篇文章不得超过200个词。学生们要完成该项任务就必须很认真地读完整个故事，对该故事的主要信息进行提取和整合，转化成自己的语言并简洁地表达出来。这项任务可以根据前文提到的课前任务(3)，即他们所画的人物关系表来完成。笔者要求学生们把人物及事件在故事中的重要性依次标明，把不重要的一一删除，留下其认为必须留下的人和事，然后把保留的部分写出来，力求尽量简洁。下面是一位学生完成的人物关系(Three Musketeers 里的人物关系)图及概述：

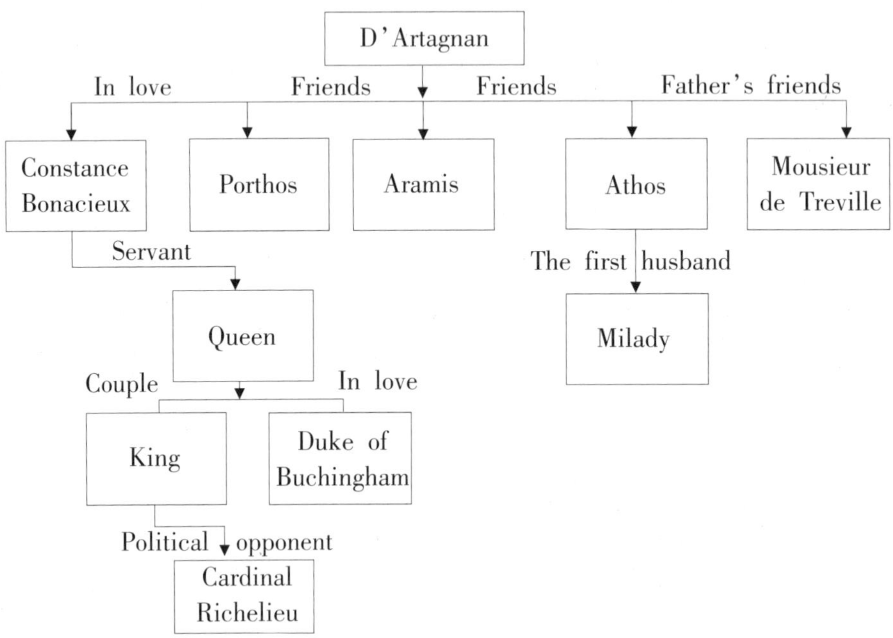

从以上人物关系图中可以看出，该学生把本故事中最重要的主人公放在了最上面，其余则根据和主人公关系远近依次排列。下面是该学生把围绕每个主要人物所发生的事件的简单介绍：

①D'Artagnan

The central character of the novel.

D'Artagnan is a young Gascon nobleman who comes to make his fortune in Paris with much courage but little money.

He is brave, noble, ambitious and intelligent. Like any romantic hero.

And his dream is becoming a musketeer.

He helped the three musketeers——Athos, Porthos, Aramis fight against the Cardinal's guards and they won. He made friends with the three musketeers because of this fight.

He helped the Queen send a letter to Duke of Buckingham and got twelve diamond pins from Duke of Buckingham for the Queen.

He and his three friends made Milady die.

He and his friends helped *the King and the Cardinal get* back the city of La Rochelle.

He became a captain of the musketeers.

②Athos

The most important of the three musketeers. The silent leader of the group.

Athos is always silent and a mystery to even his closest friends. His taste for wine is heavy, and he is very strong.

On the way to London, some men caught him, but he asked d' Artagnan to get away from him.

③Porthos

…

④Aramis

…

下面是该学生的概述：

D'Artagnan, a very intelligent brave Gascon, wanted to fight for his king and his country, so he left home for Paris. There he met three famous king's musketeers, Athos, Porthos and Aramis. They became good friends during fights. They helped the Queen get back her diamonds and let the Cardinal down. And also they helped the King and the Cardinal get back the city of La Rochelle from the Protestants. At last, d'Artagnan became a captain of the musketeers. But their friendship will last forever. Because the four men were always ready to help each other: "One for all, all for one! "

通过这项任务，学生的深入阅读能力、概括能力和写作能力都得到了锻炼。

3. 课后拓展任务分解

(1)用好词佳句写周记

RBS 明确要求：利用故事里的好词佳句写周记，题材不限，字数不得少于 150。

利用好词佳句写周记是深入阅读外任务的拓展，即对故事里的地道表达加以利用和吸收。例如，Dr. Jekyll & Mr. Hyde（Stevenson，R. L.著，Escott，J.改写，2006）中就有很多好的词组：

have power over, blood runs cold, on the moonlit street, have business with, for the eyes of... only, feel immediate hate for..., make trouble for..., knock... down to the ground, promise to do... 这些词组很形象，很生活化，对目前采用的“*Go For It*”是很好的补充。笔者制定 RBS 时，就把类似好的词组列出来，让学生们从中选择并运用到其周记里。通过运用，学生能更好地理解和运用这些词汇，从而达到真正掌握的目的。

(2)续写故事

要求：根据故事情节展开合理的想象续写该故事，要有完整的故事情节，并要符合一定的逻辑，使前后故事读起来既要有所关联又要有所发展。

在完成该任务的过程中，学生们不仅要对原有的故事了如指掌，还要有一定的想象力和写作能力。因此该任务促使学生们认真阅读原文的同时也锻炼了他们的想象力和写作能力。例如：

The Mysterious Island

Now, the Nautilus is going down, down and down. The water is into the submarine. Captain Nemo is lying and waiting. “I will die soon.” He thinks. He can feel the water is coming! But he does not feel afraid. “When I come into Nautilus, I know I will die and sleep on the bottom of the sea.” He is looking at his pictures, books and other things. Now, he feels happy. “I will sleep with them, and I need not fight with the British. I love sea, so sea loves me too. My life is for the sea! Oh, I can stay there quietly, and nobody will find me.” Now, the water is on the floor, around his chair. Captain Nemo is nearly dead. At that time, he understands. “I am alone and lonely, and I can not win. I can not help my people. Maybe they are happy to have a new life. I think I am not a good prince or a good king. I am tired. I do not know. Oh, let me forget the problems, and die in peace. I kill too many people! ” Prince Dakkar forgets the war, forgets the problems, and he is not angry now. He closes his eyes.

(3)写赏析

要求：从某一个角度对该故事的某一方面进行赏析，论点要鲜明，论证要充分，字数 300 词以上。为了引导学生更好地赏析文学作品，提高他们的文学素养，笔者根据不同的作品布置不同的任务，要求他们尝试着分析作者的写作技巧、故事中的人物性格和故事中所体现的作者思想等。

例如，在写人物分析时，笔者要求学生对作品里的主要人物进行分析，并从作品中找到相关的信息点来支持其观点。因为人物是一部作品的灵魂，他们的形象的塑造是通过他们的话语和行动来诠释的。例如在 Moby Dick 中 Captain Ahab 是个意志坚强、自负而又聪明的船长，被仇恨魔鬼所控制的他在与大自然中的“魔鬼”Moby Dick 的搏斗中不仅丧失了自己的性命，还连累到了他的船员的性命(有一个幸免)。

为了证明自己的观点，同学们在书本上找到了 12 处关于 Captain Ahab 的描写，包括了他一言一行的每个细节，并指出了每个细节所反映的人物个性。下面是一位同学的赏析片段：

Captain Ahab is also a devil, a devil who always wants to revenge his lost leg, a devil who has strong will. He asked Moby Dick to pay for his leg in any way he can do. "He took half of me. Now I'm half a man. And Moby Dick will pay for this! I'll follow him to South America, to Africa. I'll follow him to the end of this world. I'll see him dead!" "... White is evil and this whale is evil... I'll only be free when this evil is dead! Dead!"

通过写赏析任务,学生们不仅更加关注细节的描写,同时英语阅读的输入更加有深度、有广度,也提高了文学素养和文学分析能力。

例如,一位学生写的《王子与贫儿》的读后感中写到:这本书展现了当时劳动人民的生活极端艰难困苦和统治阶级的生活极端豪华奢侈。同时,还鲜明地表明了人生来平等的民主思想和环境决定人物性格的唯物主义观念。我在看了英文简易版后,又将原著中译版通读了一遍。

(4)相关作品的延伸

要求:简单介绍作者的另一部作品,或与作者同一时代的另一部同一主题的作品。这个任务主要让那些学有余力的学生进行扩展阅读,同时也为他们赏析能力的发展打下基础。

通过一系列有效的层层递进的输入与输出任务,学生们在输入活动中更加积极有效地吸收、积累语言,同时也培养了学生们的英语综合运用能力,提高了他们的文学素养。

三、任务分解原则

RBS 的制定主要基于以下原则:

1. 双"适"原则

(1)所制定的任务要适合学生的能力

学生是学习的主体,如果任务脱离了主体,不考虑学情,任务就很难具有针对性和促进性。这样不仅达不到输入的目的,还会影响输出的效果,还将影响学生的学习兴趣。

(2)任务要和故事本身相匹配

在我们所学的故事中,大多数是名著。每个故事都具有其独特的一面,有的侧重于逻辑推理,有的侧重于人物动作的描写,有的则侧重于人物的语言描写等。故事内容也随着学生们年龄的变化而变得更加复杂和深邃。因此,在布置任务时,要充分考虑到故事内容的特点和学生的特点。

2. 双"操作"原则

(1)任务要适合学生操作

任务要简单并易于操作。因为阅读教学是一个长期的、连续的过程,而不是某个特定的活动。因此布置该任务要考虑所花费的时间、人数以及完成任务所需要的工具、场所等。例如,用 PPT 来做讲座,如学生都是住校生就不能做,因初中住校生带电脑上学的可能性较小。

(2)任务要有利于教师操作

完成任务输出之后,通过反馈或操练直到学生们掌握所学的内容才能叫完成任务。在任务输出的过程中,教师要根据任务中存在的不足和问题,给学生们提供必要的帮助和指导,这样学生们才会进步。因此,任务的布置一定要便于教师进行检测和搜集反馈信息,否则任务完成的效果就会大打折扣。

3. 双“输”原则

(1)任务要能促进同学们对内容的输入

由于阅读教学的特殊性,因此,任务布置要以内容输入为基点、以掌握内容为目的,使学生们在完成任务的过程中认真地吸收故事中的精华,从而达到深入阅读的目的。

(2)任务要有利于输出

输入的最终目的是为了语言的输出,布置任务不仅要考虑内容的输入,还要考虑到如何输出。从而到达输入与输出双赢的目的。

四、任务分解成效

笔者在英语阅读教学中引入 RBS 后发现,学生的英语综合运用能力和文化素养均得到了很大的提高。下面是学生们对英语阅读的感想。

学生 1:毋庸置疑,本学期最受益的课外读物当然是《企鹅阅读》。《企鹅阅读》伴我度过许多闲暇时光。随着阅读量逐渐加大,我的英语水平也在渐渐提高,词汇量也在不断增加。尽管一些名著被压缩得很简单,但毕竟是纯英语读物,还是具有一定挑战性的。

学生 2:本学期最受益的课外读物当然非《企鹅阅读》莫属了,每周一本的英语读物,让我们的词汇量、阅读能力都有很大的提升。因为有时还要做 PPT,所以读的时候就更认真了。虽然有些名著被压缩得有点短,但语言是很地道的。

学生 3:本学期最受益的课外读物是《企鹅阅读》。这套丛书里有许多伟人值得我们学习,如:亚瑟王的勇敢、睿智、沉着,d'Artagnan 忠于国家、忠于朋友等都给我们很大的启示。

学生 4:本学期最受益的课外读物是《企鹅阅读》。我认为阅读大量英语简易读物是学好英语的最佳途径。在阅读过程中,我坚持不查字典,不通过翻译来理解原文。天天读、出声读、反复读,我终于看到了效果,它大大提高了我的英语语感,增强了我的英语理解力,对提高我的英语水平有很大帮助。

学生 5:Penguin Readers,一星期一本的速度并不算快,通过阅读,我认识了更多单词,也了解了更多的名著故事,提高了英语水平,扩大了知识面,学到了更多关于外国文学的知识。

学生 6:《企鹅阅读》不仅帮助我提高英语综合能力,还扩大了我的知识面。它让我学会了用最简单的单词和最简单的句子结构写出我想写的东西,我很受益。

学生 7:《企鹅阅读》通过每周一本的阅读让我对英语有了更深的认识,学习英语的兴趣也更浓了。

学生 8:我在阅读简单有趣的小故事的同时不仅提高了自己的阅读能力,还训练了自己的英语口语能力,同时也熟知了一些简单实用的英语短语,还大大增长了我的单词量。

学生们所受的益是无法用一份考卷或问卷就能准确测出来的,但是这些收获将对其人生的发展产生深远的影响和意义。而对于笔者而言,在此《企鹅阅读》所采用的制定阅读任务分解方法(RBS)对于引领学生进行深入阅读具有一定成效,当然有些任务分解在以后的实践中仍需不停地改进。

第五章　对初中英语课外阅读实践的几点思考

苏霍姆林斯基认为提高孩子智力的方法是阅读,阅读与之相关的科普读物,以开阔学生的视野,培养学生的兴趣,进而促进学生的智力发展。北京外国语大学教授胡文仲曾说过:“大量阅读是学好英语的必由之路。对于初中级英语学习者我特别推荐英语简易读物,读的材料尽量浅易,阅读速度尽可能快,读得越多越好。如果能坚持阅读,读上几十本,英语水平肯定会迅速提高。”课外阅读是英语学习必不可少的环节,当前的英语教学已不能满足于仅有的课堂学习。新课标要求学生大量阅读英语简易读物,这对打好英语基础、提高英语素养至关重要。为了更有效地开展初中英语的课外阅读,笔者所执教的初一年级开展了以《企鹅英语简易读物精选》为阅读教材的课题研究。

一、Tinkers Island 案例

1. 课前准备

(1)教师的准备工作

①教材分析

I.《企鹅英语简易读物精选》(以下简称《企鹅》)是一套原版引进的阅读材料,共 89 本。按照学生每周阅读一本的速度,初一和初二的四个学期(四个阶段)可完成所有阅读材料。《企鹅》阅读教材以名著或童话改编的故事和人物传记为主,从简单容易的故事着手,由易到难,循序渐进。其编著者为英美籍作家,因此该套教材有得天独厚的语言优势。由于初中阶段现行教材类似阅读材料的缺乏,“教学中选用的阅读材料大部分是介绍事件、人物、知识或道理的文章。对于一般学生而言,它们的蕴含信息并不丰富”。我校增补了适合学生进行课外阅读的《企鹅》丛书。初级阶段(初一年级上学期)的读物大多具有较强的故事性和趣味性,容易引起学生兴趣。以下为初一年级的阅读书目:

1. *A New Zealand Adventure*《新西兰历险记》(新西兰)Jan Thornburn 著
2. *The Leopard and the Lighthouse*《豹子与灯塔》(英)Anne Collins 著
3. *The White Oryx*《白长角羚》(英)Bernard Smith 著
4. *The Big Bag Mistake*《旅行包之错》(英)John Escott 著

5. *Tinkers Island*《廷克父女岛》(英)Stephen Rabley 著

6. *Dead Man's River*《死人河》(英)Elizabeth Laird 著

7. *Carnival*《狂欢节》(英)Annette Keen 著

8. *Karen and the Artist*《凯伦与艺术家》(英)Elizabeth Laird 著

9. *Six Sketches*《六部短剧》(英)Leslie Dunkling 著

10. *David Beckham*《大卫·贝克汉姆》(英)Bernard Smith 著

11. *Pelé*《球王贝利》(美)Rod Smith 著

12. *Mother Teresa*《特里萨修女》(英)D'Arcy Adrian-Vallance 著

13. *Prince William*《威廉王子》(英)John Escott 著

14. *Leonardo Dicaprio*《莱昂纳多·迪卡普里奥》(美)Brent Furnas 著

II. 以 *Tinkers Island*《廷克父女岛》为例,该故事发生在 1798 年的伦敦,父女俩 Sam Tinker 和 Jenny Tinker 在市场上卖蔬菜。父亲被误认为是小偷而抓了起来, 押上一艘运载罪犯的轮船,将被送往澳大利亚。聪明的女儿通过一系列的计划成功地营救了父亲,两人乘坐小艇到达了荒无人烟的廷克岛。父女俩在岛上生活了一段时间后,被路过的船只搭救,前往美国开始新生活。故事长度为 15 页约 1000 词,每页配有插图。学生的词汇量要求为 200~300 个。

②学情分析

我校学生之前所用教材为人教版英语新目标 *Go For It!* 七年级上册和全国外国语学校系列教材《英语综合教程》第一册。两套书以话题为线索整合后配合使用,在进行了三个月的学习后,学生已初步学习了见面打招呼、彼此介绍认识、谈论物品、谈论家庭成员、谈论喜好、谈论时间等话题;掌握了一般现在时态和 be 动词、简单行为动词的用法;学习了关于家庭、球类运动、食物、年龄职业、生活用品、学习用品、日常活动、作息时间等词汇。

(2)学生的准备工作

①阅读时间

一周内读完 Tinkers Island 一书,每日阅读至少 20 分钟。

②阅读步骤

I. 先在书本上画出生词,如 market, thief,不查字典,根据发音规则进行拼读,并根据上下文猜测词义。

II. 在《阅读笔记本》上记录生词,摘抄优美词句 5 句以上。如 They can hear nothing but the sea and the wind. It is a beautiful night and there is a big moon. It shines on Sam Tinker's thin, tired face.

③阅读检查

I. 阅读 20 分钟后请家长在《英语阅读家校记录卡》中(附页)签名。

II. 每周一上交《阅读笔记本》。

2. 课堂教学

步骤一:Lead-in

T: Today we will have a reading class. Please look at the cover of the book. What can we find from the cover?

S1: We can find the name of the book. It's Tinkers Island.

S2：We can see a picture.

T：What's in the picture?

S2：There is a boy on the beach, and a coconut tree.

T：What else can you find from the cover?

S3：The writer of the book is Stephen Rabley.

T：Good job. So usually we can find some useful information from the cover of a book. And sometimes we can even guess some of the story.

(从书本的封面入手，引导学生寻找各种信息，培养学生的观察能力。)

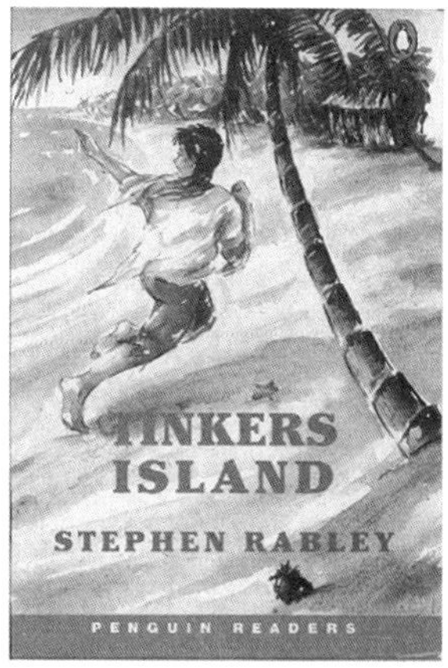

步骤二：Check Words

T：Do you finish reading the book?

S：Yes.

T：Great. Now let's have a words game and check if you read the book carefully enough. Let's have a Boy-Girl competition. Here are the rules：I will show you the words one by one. Please find them in the book, and tell me which page it is on and read the sentence out. The fastest student will get one point. (幻灯片显示)

Try to find the following words in the book.

- market
- thief
- happen
- line
- captain
- bottom
- hungry
- thick
- roof
- snake
- ground
- bite
- weak
- gun

(通过竞赛方式激发学生的主动性和积极性，使得枯燥的单词检验活动变得趣味十足，学生争先恐后地举手发言表明课前预习工作的充分，也为后面的进一步学习奠定了基础。)

步骤三：Introduce the elements of the story

T：When we read a story, there are some very important things. They are place, person and time. So can you tell me what the places are in this story?

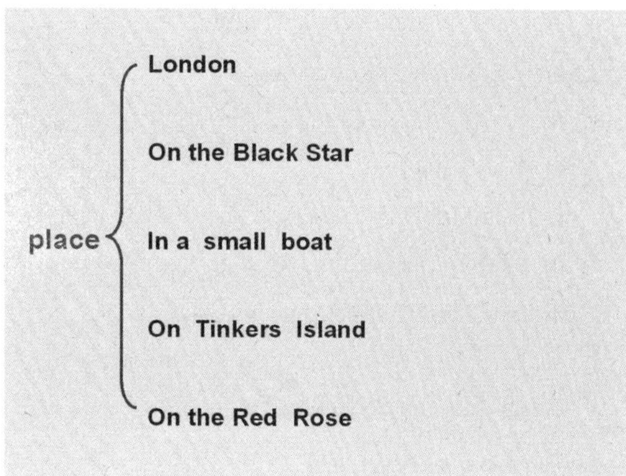

S1：They are London, the Black Star.

S2：A small boat, Tinkers Island.

S3：And the Red Rose.

T：Very good. So in this story, there are five places, but which one is the most important?

S4：The Tinkers Island.

T：Why?

S4：Because they live on Tinkers Island for many days. And this book's name is Tinkers Island.

T: Smart answer!

T: Now I want you to tell me the persons in this story.

S1: Jenny Tinker and Sam Tinker.

T: Good. They are the main characters. And who else are in the story, too?

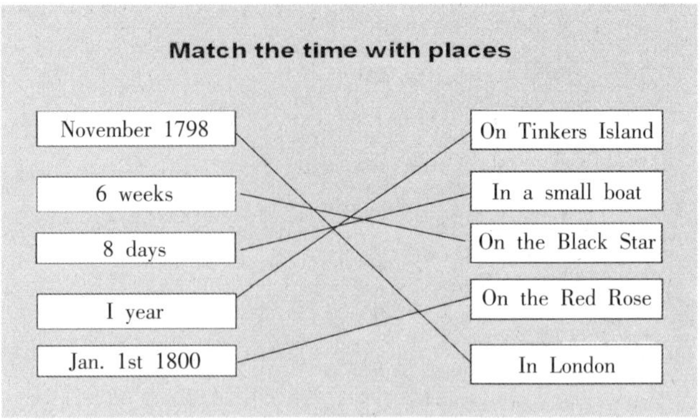

S2: A thief, an old man, two policemen and Peter.

S3: The captain of the Black Star.

S4: Three men from the Red Rose.

T: Great job. Now we have all the places and persons. Then let's talk about the time. Here we have different times and places. Can you match them?

(从地点、人物、时间等要素入手,引导学生整理故事结构与线索,有利于学生对整个故事内容的进一步理解深化,培养他们良好的阅读习惯,为以后的大量阅读打好基础。)

步骤四:Talk about more details of the story

T: Now let's continue the Boy-Girl competition again. Everyone has only one chance to answer the following questions.

■ Who gave the watch to Jenny's father, Sam?
■ Is Sam the thief?
■ Do the policemen know that Sam is not the thief?
■ What's the name of the ship in the picture?
■ Is Sam on it?
■ Does Jenny get on the Black Star, too?
■ What does she do on the ship?
■ What does Jenny find in the captain's room?
■ Does Jenny free her father at last?
■ Where are they now?
■ Are they hungry and thirsty in the small boat?
■ What do they find after eight days?
■ What do they eat on the island?
■ Sam and Jenny give the island a new name. What is it?
■ Are they happy on the island?
■ One day, Sam is bitten by an animal. What is it?
■ Does Sam die after that?
■ Who does all the work then?
■ What does Jenny see one morning?

- Is it the Black Star?
- What do the people from the ship have?
- Where are Jenny and Sam now?
- Where are they going?

(通过提问的方式，对故事的内容进行细化讨论，在检验学生是否理解故事内容的同时也锻炼学生的听力和口语。)

步骤五：Group work：Role read

T：Now we will have a very interesting and exciting moment. It's time for you to read out the whole story. I have divided the story into 6 parts, and each group will get one part. Every student in the group will get a role, and have to read the part correctly and fluently with feelings and emotions.

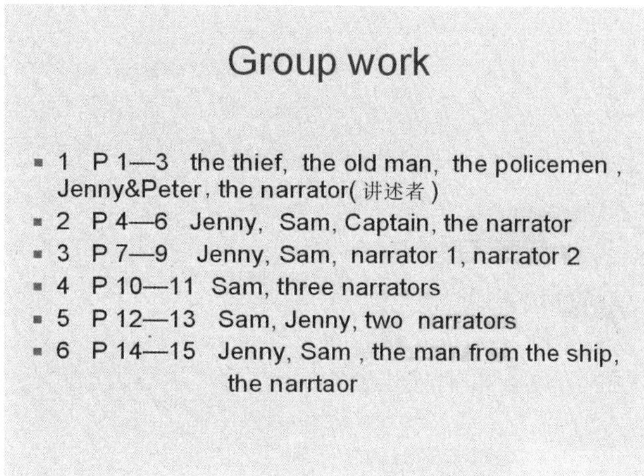

T：Before your show, you will have 5 minutes to read aloud for exercise by yourself. If you have any questions or problems, please raise your hands, I will come to help you.

(这是阅读课的重要部分，每个学生得到一个角色，要求正确流利并且有感情地朗读出来，同时需要组员之间的相互配合和协作。学生有5分钟的时间进行操练，教师巡回检查，随时解答学生问题，提供单词发音、句子理解方面的问题。)

步骤六：Discussion

T：Do you like this story?

S：Yes!

T：Life on Tinkers Island is very hard. But Jenny and Sam are very brave and hard-working. Imagine you are on this island alone. You can take three things with you. What are they? Why do you want them? Please discuss in groups and then report to the class.

	What/Things	Why/Reasons
1		
2		
3		

(这是一个课堂延伸活动，要求学生在理解课文内容并且能基本运用字、词、句的基础上结合生活实际，发表简单观点并且给出理由。这个活动对学生的综合能力要求较高，因此需要小组通过讨论合作完成。)

3. 课后作业

(1)口头作业

有感情地复读故事,注意语音语调。

(2)书面作业

补充整理笔记,给生词注音标和中文;将课堂上的最后一个活动写成一段短文。

二、教学心得

Tinkers Island 阅读课是《企鹅》阅读教材在初级阶段(初一年级上学期)一次较为有效地尝试。笔者从课前准备、课堂教学任务设计和课后作业布置三方面进行反思,总结出了如何进行有效课外阅读的具体方法和策略。

1. 设计明确有效的课前预习任务

课前预习任务设计包括选择整合教材和布置预习作业两个方面。

(1)选择整合教材

教师根据教学进度选择难度适中、篇幅适中、内容合适的阅读教材。在学生的阅读初级阶段(初一年级上学期)可选择故事性较强的篇章。如 Tinkers Island 以父女俩颠沛流离的遭遇为主题,容易引起学生的阅读兴趣。故事篇幅为 1000 词左右,学生每天阅读量不到 200 词。词汇量要求为 200~300 词,为中等学生水平。

(2)布置预习作业

教师可以从阅读时间、阅读步骤和阅读检查等几方面布置学生的预习作业。如 Tinkers Island 的预习作业体现了循序渐进、操作性强的原则。每个学生都能摘抄生词和优美语句,并且大多数学生在课前已经掌握了多数生词的词义。家长监督朗读并签名也得到了很好的反馈。

在初级阶段,学生每周必须读完一部作品。进入中级阶段(初一下学期)后好学生可以不限量,一直读下去,差学生每周至少读完一部作品。

2. 设计合理有梯度、循序渐进的课堂活动

课堂活动设计主要有三个目的:检测学生的预习效果;指导学生形成良好的阅读习惯;促进学生阅读能力的提升。

(1)在初级阶段,应以提高学生的朗读能力为重点

课堂活动可以以示范朗读、练习朗读、指导朗读、检查朗读为首要任务,要教会学生声情并茂地朗读,这是培养语感、提高语言能力的关键。在完成朗读任务的基础上,可适当进行默读。两者相辅相成,但初级阶段朗读是关键,是基础。在词汇教学方面,可采用“Find and Read”或者“Match”等形式。此外,也可进行简单的问题讨论(如 Tinkers Island 这堂课中最后一个活动)等作为辅助的教学内容。

(2)在阅读的中级阶段,阅读教学应体现一定的阅读策略

如词汇教学可以由原先的 Match 提升为 Definition 或造句练习,使学生在语言输入之后通过内化过程变为自己的语言输出。教师也可开展如复述故事、听写单词(或句子或段落)、讨论问题、改写故事等活动,这些突出了对学生口头表达能力、阅读理解能力和书面表达能力的训练,活动的选择应根据作品特点、课堂时间而定。

(3)在阅读的高级阶段(初二下学期),教师在课堂活动上可以进行一些相对灵活的改变
如要求学生对有的故事进行背景介绍、情节预测、人物性格分析、故事接龙、热点讨论等等。其中,背景介绍等任务需要在课前通过学生的预习工作来完成。

3. 安排体现延续性和针对性的课后作业

阅读靠的是长年累月的积累,仅有课堂活动是远远不够的。学生在一堂阅读课后应有相对应的作业或任务来延续课堂的阅读,使"课堂"延伸到课外。

(1)复读与复述

课外朗读分初读和复读。前者指首次朗读,达到初步理解、熟悉词句的目的;后者指再次朗读已读内容,达到加深理解的目的,为复述做准备。按照一周一册的进度,制订每日朗读20分钟的计划,学生可在此基础上灵活掌握。学生首先进行初读,完成当日计划。好学生初读后即可尝试复述。初读时朗读不顺畅、理解不全面的部分要做复读,然后进行复述。课外朗读以整体理解感悟为目的,不做逐句分析,也不要求背诵。

(2)读书笔记

读书笔记包括生词记录、好句摘抄、故事简写、故事续写、故事改写或仿写等。读书笔记的形式将根据学生水平的变化而改变。教师定期检查或批改每天的读书笔记。

三、阅读活动的课外拓展

在学生的阅读量积累到一定阶段的时候,可以有计划地开展课外拓展阅读活动,例如"英语课外阅读展示周"。尽量为学生提供展示他们阅读成果的舞台,也可以借助学校的外语节、艺术节、圣诞节晚会或者新年文艺演出等平台,开展各种丰富多彩的英语活动,以更好地鼓励学生,激发学生学习英语的热情。

1. 英语朗读比赛

出色的朗读不仅能起到示范作用,也能促进学生学习英语的兴趣,让全体学生学习到正确朗读的方法,促进朗读水平地提高。

2. 名著介绍展板

学生在阅读的同时也在积累,他们会发现经过改编或简写的名著其实也不难。用这种方式引导学生大胆阅读名著,让他们自己介绍阅读过的名著,在学校的橱窗里或者走廊上通过展板、海报进行展示,不仅让学生产生自豪感和成就感,也有助于营造整个校园的学习氛围。

3. 配音比赛

很多名著都被拍摄成电影,而这些电影同时也是经典之作,适合学生学习外语。通过经典电影尤其是经典动画片的片断配音,不仅能引起学生的极大兴趣,而且能极大地提高他们的整体英语水平。

4. 情景剧表演

学生选取适当的材料,分角色进行短剧表演。这不仅能加深学生对于阅读材料的理解,也极大地提高了语言综合运用能力和交际能力。

5. 其他活动

如广播剧、文学知识竞赛、读后感征文比赛、翻译比赛、英美文学讲座等等。

古语有云:“读书百遍,其义自见。”“读书破万卷,下笔如有神。”苏霍姆林斯基说:“学生如果没有学会迅速地、有理解地、有表情地阅读和感知所读的东西,没有学会流利而正确无误地书写,就谈不上顺利地学习。”“面对后进生最有效的手段就是扩大他们的阅读范围。”(苏霍姆林斯基,2001)任何语言的学习都需要大量的阅读,而初中阶段正是学生进行大量课外阅读的良好时机。如果英语学习能够实现课堂教学和课外大量阅读地有机结合和良性循环,则必将大大有利于英语教育的长远发展。

附件:

英语阅读家校记录卡

阅读要求:出声念,每天20分钟。家长监督,每日读,每日签,每日查。

阅读日期	书名	阅读页数	家长签字及评价	教师签字及评价

第六章 以“演”促“学”

——角色表演在文学阅读教学中的实践与研究

一、引言

角色表演是让学生扮演文学作品中的角色，模仿其言行举止，找准角色在错综复杂人物关系中的位置，感悟角色情感态度的转变。使学生在仿真的情境中，把握文学作品动态演绎的过程。

《普通高中英语课程标准》要求：学生能够在教师指导下参与角色扮演等活动，甚至在更高一级的目标中提出了学生能够用英语表演短剧。因此，角色表演是英语教学的方法之一，利用好角色表演能够很好地促进英语教学。

角色表演有激发学生学习兴趣、帮助学生理解文本的词句、再现文本的情节、体验文本中人物的情感、展示文本人物性格和把握文本的主旨等作用，也能培养学生的感悟能力、理解能力、表达能力、想象能力、表演能力和团队合作能力等。恰当地进行角色表演，让学生扮演课文中的人物角色，能够拉近学生与文本的距离，使文本内容迅速成为表象，同时有利于学生深入理解文本，获得真切的感受。角色表演能使学生在体验中获得知识，锻炼能力，提高语言素养。

二、角色表演的教学实例分析

笔者所带的班级从初一至初三学习了《典范英语》（以下简称《典范》）第6~8册，实验时间跨度从2010年2月至2012年5月。一般情况下每一个故事安排三个课时，每课时四十分钟。其中前两个课时主要是教师介绍故事背景，梳理故事情节，习得词汇，组织学生讨论等环节。第三课时则安排学生表演或者分角色朗读。

以《典范》第六册第二个故事“Noisy Neighbors”为例，学生通过课前阅读和两个课时的讲解，对故事有了一定了解和思考。课后，将班级分成三个小组抽签决定表演章节，各小组成员自行讨论、分工后产生角色、旁白、音效、道具等。学生利用课后、午间休息或周末进行加工、排练。每个小组表演完成后，学生都会在教师带领下对于小组成员的表演从语音、模仿、剧本编写、小组合作、道具等方面做出简短评价。

通过课堂观察和对于学生的课后回访，笔者明显感觉到学生非常喜欢角色表演，并且在多次实践之后，发现角色表演对于学生产生了明显的积极作用。

三、角色表演对文学阅读教学的促进作用

1. 促进故事内化

很多教师在上完阅读材料后都会担忧同学们是否完全理解了故事情节，是否能够精准地把握人物关系，是否能正确掌握词汇等问题。笔者通过追踪观察，发现学生会在准备表演阶段再次细读故事，梳理故事情节，理清人物关系，明确任务分工，为角色表演做好充分的准备。与此同时，学生会对教师上课的内容自觉地进行归纳整理。笔者认为学生准备表演的全过程就是对故事进行内化的过程，这就打消了教师们的忧虑。

2. 激发学生的阅读兴趣

角色表演是激发学生学习兴趣的一种行之有效的手段。它需要学生把语言智能、肢体运动智能、自省智能、人际交往智能等多种智能有机地融合在一起。这样，就可以促进学生投入到英语学习活动中，不仅可以为学生提供更多的语言实践机会，也能促使学生形成正确的学习动机，保持长久的学习兴趣，并且让学生在学习的过程中体验到学习的快乐和生活的丰富多彩。所以利用英语角色表演培养学生的学习热情和兴趣比单单传授语言知识点有意义的多。(王秋月，2010)

学生对于英语角色表演的热爱，势必促使他们通过不断的阅读去深入理解与感悟。只有投入真性情，赋予故事以灵魂，才会有精彩的表演。通过阅读，学生会反复琢磨自己所扮演的角色，那么这就是把纸上的故事读活了。这种基于表演的阅读自然会使学生兴趣盎然。

在教学实践中，笔者常常发现学生会因为对故事中出现的人或事感兴趣而进行探究式的阅读。比如很多故事都会讲到主人公的校园趣事。有学生就非常感兴趣，他很想知道国外的孩子是怎么在校园中学习生活的。于是他就会找来关于美国学生校园生活的书籍进行阅读。所以在兴趣的推动下，阅读也在不断地深入。

3. 提高词汇教学的实效

让学生快速正确地掌握词汇，做到会读、会拼、会用，一直都是很多教师在讲解英语故事时比较困惑的问题。笔者对于《典范英语》6、7 两册的故事做了抽样调查，发现平均每个故事词汇表中列出的词汇有 125 个。当然有一部分词汇在故事中会反复出现，学生比较熟悉。对于这么大量的词汇输入，部分学生会表现出焦虑情绪，这也影响了他们对于故事的理解。笔者在教学实践中经常对一个故事的词汇进行有选择性地讲解，然后听写。这样的方式收效甚微，很多学生为了应付老师的听写会在之前临时记忆大量词汇，但是不久之后又会遗忘。所以这种单纯靠听写来处理词汇的方法是存在缺陷的。

笔者尝试着让学生在表演之前和之后对于词汇表中的词汇进行听写，试图来检查学生表演对于记忆词汇的功效。通过几次对比实验后发现，学生在表演之后听写的成绩要明显好于表演之前。在课堂上，笔者也发现学生对于词汇正确朗读和实际应用都有了很大的进步。例如在角色表演时，学生用自己的肢体语言生动地展示了“squeeze through the letter box like a hamster...”；用丰富的面部表情来传达“beam at the class...”和“snigger at...”的意思。通过表演，学生赋予了故事中的词汇以动作和表情，把词汇演绎活了，当然也更加方便记忆并且不容易忘记。

4. 优化语音、语调

学生在表演的时候，会根据自身对于所扮演角色的理解，最大程度地发挥自己的能力。通

过反复阅读和模仿录音，在表演过程中，学生会很好地把握语音、语调以求能够最好地适应表演时的情境。在学生这种自发式的行为当中，语音、语调自然地得到了进步。

5. 培养小组活动中的合作意识和能力

根据表演的需要，学生会自发地组成若干小组来表演整个故事。在小组任务分工时，有同学自发扮演适合的角色，也有小组长来分配角色。不同的角色，随着故事情节的不断发展会有很多对手戏，有时需要语言的沟通，有时需要眼神的交流，有时是肢体语言的表达。在这样一来一回的表演中，小组成员之间搭建了很好的沟通交流平台，相互磨合，促进友谊，当然合作就会更加默契。

有了很好的小组合作，学生在表演中便会有很多好点子、小惊喜呈现在课堂上。这对于学生深入理解故事、洞悉人物角色，并将其恰当地演绎奠定了良好的基础。例如，学生在表演 Flossie(a monster in Loch Ness)找到了 Fran 这个朋友，并且在她的生活中无处不在的情节时，原本故事中很多轻描淡写的叙述被学生用生动的对话和肢体语言表演得惟妙惟肖。通过角色表演，小组成员的合作意识和能力都得到了提高。

6. 激发学生对于课堂评价的思考

每一个小组表演完之后，教师都会引导学生从表演、语音语调、创新等方面给予评价。学生的评价是具体而客观的，能够给予表演的小组真实的参考依据，促进他们在以后的表演中不断改进。与此同时，由于教师在课堂上的引领，学生在欣赏表演的同时会渐渐以客观、公正且有发展性的目光把想法记录下来，不但能够给予更好评价，而且能够加快自身的发展。通过笔者在课堂实践中的观察，学生从一开始无话可说或者无从说起，到已经能够给出比较全面而客观的评价，这是一个很好的开端。

7. 培养学生的跨文化交际能力

美国外语教学专家温斯顿·布伦姆伯克说过："外语教学的根本目的是为了实现跨文化交际，就是为了与不同文化背景的人进行交流。" 因此，在英语教学中，不仅要培养学生使用语言的能力，而且要让学生懂得如何运用所学在不同场合进行合适的交际。

在我们的英语课本中，最先接触的是 What's your name? How are you? How old are you? 等等日常会话用语。其实在真正的语言交际中，人们一般不会这样说，因为有的说法被视为不礼貌，有的是局限于某种场合。所以，只有把我们所学的知识真正运用在语言情境中，让说话人去切身体会，才会真正理解在什么场合说什么话的重要性，这也是跨文化交际的真正意义所在。

把英语故事搬上舞台，让学生扮演故事里的角色，揣摩人物的心理。这样做就好比搭建了虚拟的情景，一个个鲜活的人物就在眼前。学生在相对真实的语言环境下表演，这种身临其境的感觉是纸上阅读不能达到的。有了情景，也有了故事，语言的输出便水到渠成。日积月累，在多次表演之后，学生自然明白什么场合说什么话。在学生表演的同时，跨文化交际的意识也渗透其中。

四、有待改进的方面

1. 有限的教师参与和指导

由于角色表演是一个动态的过程，从学生准备、课堂呈现到最后的评价阶段，教师的参与和指导是比较有限的，所以个别小组会出现道具准备不充分、角色分工不均衡、故事衔接不连贯等问题。

2. 滞后的纠正行为

由于学生进行角色表演的时候是脱稿的，必然会出现一些表达的错误。当学生表演结束之后，教师再提出表演过程中的不足之处，对于学生来说已经不能很好地显现和有效地解决。

3. 单一的评价形式

学生在表演后所给予的评价虽然在不断地进步，但是由于是口头的评价，无法存档，也不能对于表演小组在很长一段时间内的表现作出反馈。因此，笔者希望能够以评价表的形式进行规范和存档。这样做以后能够比较客观全面地对于一个小组在一段比较长时间内的表现进行监控，同时还能反馈给小组，指导他们今后的学习。

五、结束语

笔者所阐述的观点是来源于《典范英语》教学的思考与感悟。希望角色表演的形式在英语课堂上能起到更加广泛的作用和积极的影响。笔者也在人教版《新目标》的课堂实践中进行积极地尝试，不论在对话教学中的角色扮演还是在语篇阅读中的情景表演都为教学增添了乐趣，也显著提高了课堂教学的有效性。

第二部分　校本课程资源

第七章 Children's Rhymes and Poems (儿童诗歌选)

Rhyme 1

The Time to Be Happy Is Now

The time to be happy is now.
The place to be happy is here.
And the way to be happy,
Is to make someone happy.

Guiding Questions:

1. What's the name of our school?
2. Are you happy / excited / lonely / sad... in our school? How are you in our new school?
3. When are you happy?
   Where are you happy?
   How can you be happy?

Rhyme 2

Wear a Great Big Smile Upon Your Face

Wear a great big smile upon your face,
Chase away your frown,
Turn it upside down,
Wear a great big smile upon your face.

Smile

It isn't any trouble just S-M-I-L-E,
So smile when you're in trouble.
It will vanish like a bubble,

If you'll only take the trouble just to
S-M-I-L-E.

Guiding Questions:

1. Who often smiles in your family?
2. Who never smiles in your family?
3. Is it difficult to wear a big smile?
4. When do you smile?
5. When you meet trouble, what do you often do?
6. Can you take your trouble just to smile?

Rhyme 3

If You Are Happy

If you're happy and you know it,
Clap your hands.
If you're happy and you know it,
Clap your hands.
If you're happy and you know it,
Clap your hands.

When You Are Happy

When you are happy,
Write the happy things down;
When you are unhappy,
Write the unhappy things down;
And when you grow up,
You will get from them happiness,
Ha, so much.

Guiding Questions:

1. If you're happy, what do you often do?
2. If you're unhappy, what do you often do?
3. What do you often do to remember the happy and unhappy things?

Rhyme 4

My Aunt Came back

My aunt came back from old China,
And she brought with her a bid hand fan.
My aunt came back from Holland, too,

And she brought with her a wooden shoe.

Guiding Questions:

1. Did your father (mother) come back from America / Britain / Japan / Australia?
2. What did he (she) bring with him (her)?

Rhyme 5

The Family

This is mama, kind and dear.
This is papa, standing near.
This is brother, see how tall!
This is sister, not so tall.
This is baby, sweet and small,
These, the family, one and all.

Guiding Questions:

1. How many people are there in your family?
2. Who are they?
3. How is your father / mother...?
4. How is your family?
5. What do you think of your family?

Rhyme 6

What Is Your House Made of?

What is your house made of?
My house is made of bricks and stones.
What is your home made from?
My home is made from love alone.

Guiding Questions:

1. What do we use to build a house?
2. What is your home made from?

Rhyme 7

Clean-up Song

Clean-up, clean-up
Everybody get some toys.
Clean-up, clean-up
All the little girls and boys.
Clean-up, clean-up

Everybody do your share.
Clean-up, clean-up
Everybody, everywhere.

Guiding Questions:

1. Do you clean up your classroom every day?
2. Do you help to clean up your classroom when it's not your turn?
3. Who cleans up the classroom very carefully?
4. Is it necessary to clean up your classroom?
5. Why or why not?

Rhyme 8

A Very Nice Place

The fish lives in the brook.
The bird lives in the trees.
But homes are the very nicest place,
for a little girl (boy) like me.

Guiding Questions:

1. Where does a fish / a bird / an animal live?
2. Where does a child live?

Rhyme 9

There's No Place Like Home

There's no place like home,
Well, I say now home, home, sweet home.
There's no place like home,
Wherever you wander.
There's no place like home.

Guiding Questions:

1. What is our school like?
2. Is our school like your home?
3. Is there a place like your home?
4. If so, what place is like your home?

Rhyme 10

Friends

Some people are special to me,
They help me, share their problems with me,

They sometimes act like sisters to me,
Yes, friends they are to me.

Guiding Questions:

1. Do you have a friend?
2. Are you a friend of someone?
3. What do you often do with your friend?
4. How are friends?

Rhyme 11

Birds of a Feather Flock Together

Birds of a feather flock together,
And so will pigs and swine;
Rats and mice will have their choices,
And so will I have mine.

Guiding Questions:

1. Who can be friends?
2. Do friends have the same hobby?
3. Do friends have the same personality?
4. Do friends often think the same?

Rhyme 12

Dobbin's Friend (1)

Dobbin has a little friend,
Spotted white and sable,
Every day she goes to him,
In his lonely stable.

Guiding Questions:

1. Who can be your friends?
2. Dobbin has a friend. Every day she goes to him. Who is Dobbin's friend?

Dobbin's Friend (2)

Not a mite of dread has she,
Not a thought of danger,
Lightly runs between his hoofs,
Jumps upon his manager,
Lays her soft warm cheek to his,
Purrs her meek "Good-morning!"

Guiding Questions:

1. We know Dobbin has a friend. That's a cute horse. Is Dobbin afraid of the horse?
2. Does Dobbin think that the horse is dangerous?
3. What does Dobbin do with her friend?

Poem 1

Swimming Ool

——*Kenn Nesbitt*

Swimming in the swimming pool
is where I like to "B",
Wearing underwater goggles
so that I can "C".
Yesterday, before I swam,
I drank a cup of "T".
Now the pool is just an "ool"
because I took a "P".

Guiding Questions:

1. What do "B","C" and "T" in the poem stand for? Write the word for each letter.
2. Why "Swimming Ool" is the title of the poem?

Poem 2

Dear Santa, Here's My Christmas List

——*Kenn Nesbitt*

Dear Santa, here's my Christmas list.
I hope you'll bring it all.
I've only asked for gifts my parents
can't find at the mall.

I'd like to have a UFO,
With aliens inside,
And maybe a Tyrannosaurus Rex
that I could ride.

A ninety-nine foot robot
is a present I could use.
I'll also need a time machine,
And rocket-powered shoes.

Please bring a gentle genie
who will grant my every wish,
And don't forget a wizard's wand,
And, yes, a talking fish.

Of course, I'll need a unicorn,
And won't you please provide
a dragon, and a castle
in the English countryside.

Of course, the weight of all these things
might cause your sleigh to crash.
If that's the case, dear Santa,
Please feel free to just bring cash.

Tasks:

1. Vocabulary: Ss guess the missing word "UFO" and what a Tyrannosaurus Rex is according to the context. Guess about "a gentle genie", "a wizard's wand", "a unicorn". Finally, what does he want just in case the presents are too heavy for the sleigh? (cash)

2. Comment: Is "I" more likely a boy or a girl? Why? What do you think of the presents he (she) wants?

3. Write a wish list to Santa Claus for next year. Share at the New Year party.

Poem 3

Homework Machine

——*Shel Silberstein*

The homework machine, oh, the homework machine,
Most perfect contraption that's ever been seen,
Just put in your homework, then drop in a dime,
Snap on the switch, and in ten seconds' time,
Your homework comes out, quick and clean as can be.
Here it is—"nine plus four?" and the answer is "three".
Three?
Oh me...
I guess it's not as perfect
as I thought it would be.

Tasks:

1. Vocabulary: contraption: a machine that looks strange; dime: ten cents; snap: to move something suddenly.

2. Read (1): Ss read half of the poem from the beginning to "quick and clean as can be". Ss individually read aloud and T walks around to listen. What do Ss sound like? Tone: happy, excited. Why? (T writes "9+4=3" on the paper.)

3. Read(2): Ss read the rest of the poem. What's wrong with it? Tone: surprise, sad, up set, disappointed.

4. Acting: Class read together while one student acts the poem.

Poem 4

If I Were the Principal

——Kenn Nesbitt

If I were the Principal, boy, things would change.
Our school would be fun, if a little bit strange.
We'd keep kangaroos in the classrooms as pets.
We'd travel to Tonga and learn to fly jets.

We'd get to make movies, and all become stars.
For field trips we'd blast off on rockets to Mars.
We'd learn to raise monsters and build time machines.
We'd surf on tsunamis in sleek submarines.

We'd learn to make robots with nuclear brains,
And dig up a dinosaur's fossil remains.
We'd battle with pirates and plunder their gold.
We'd duel with dragons for treasures untold.

We'd practice some potions and magical spells
to stink up the schoolyard with sickening smells,
To make us invisible, eighty feet tall,
or turn into liquid or walk through a wall.

Yes, if I were Principal, that's what we'd do.
We'd lock evil scientists up in the zoo,
While vanquishing villains and capturing crooks.
In other words, we would read many more books.

Tasks:

1. Rhymes: Ss read the poem and find the rhymes, e.g. change / strange, pets / jets, stars / Mars, machines / submarines, brains / remains, gold / untold, spells / smells, tall /

wall, do/zoo, crooks / books.

2. Compare: What is the school life different from the current school life?

3. Writing: "If I were a principal".

Poem 5

Pet Shopping

——Kenn Nesbitt

While shopping at the pet store
I got my fondest wish.
I bought myself a fish bowl
and then a pair of fish.

And since I was already
out shopping at the store,
I thought I ought to purchase
another smidgen more.

And so I got a rabbit,
A hamster and a frog,
A gerbil and a turtle,
A parrot and a dog.

I purchased an iguana,
A tortoise and a rat,
An eight-foot anaconda,
A monkey and a cat.

A guinea pig, a gecko,
A ferret and a mouse,
And had them all delivered,
Directly to my house.

My sister went berzerko!
She's now installing locks,
Because I said her bedroom
would be their litter box!

Tasks:

1. Rhyme: How does the rhyme in this poem go?
2. List animals that "I" bought.
3. Make a shopping list for your own pet shopping.

Poem 6

Welcome Back to School

——*Kenn Nesbitt*

Dear students, the summer has ended.
The school year at last has begun.
But this year is totally different.
We're going to only have fun.

We won't study any mathematics,
and recess will last all day long.
Instead of the pledge of allegiance,
We'll belt out a rock-and-roll song.

We'll only play games in the classroom.
You're welcome to bring in your toys.
It's okay to run in the hallways.
It's great if you make lots of noise.

For homework, you'll play your Nintendo.
You'll have to watch lots of TV.
For field trips we'll go to the movies
and get lots of candy for free.

"The lunchroom will only serve chocolate
and triple fudge sundaes supreme."
Yes, that's what I heard from my teacher
before I woke up from my dream.

Guiding Questions:

1. Do you believe the school life described in the poem? Why or why not?
2. What is your dream school life?

Poem 7

Time

To realize the value of ONE YEAR
ask the student who has failed a class.

To realize the value of ONE MONTH,
Ask a mother who gave birth to a premature baby.

To realize the value of ONE WEEK,
Ask the editor of a weekly newspaper.

To realize the value of ONE HOUR,
Ask the lovers who are waiting to meet.

To realize the value of ONE MINUTE,
Ask a person who missed the train.

To realize the value of ONE SECOND,
Ask a person who just avoided an accident.

To realize the value of ONE MILLISECOND,
Ask the person who won a silver medal in the Olympics.

Treasure every moment that you have!
Yesterday is history. Tomorrow is mystery.
Today is a gift. That's why it's called the present!

Guiding Questions:

1. What does "time" mean to you?
2. Follow the examples of how to value time and write your own piece.

Poem 8

This poem was written by a terminally ill young girl in a New York Hospital. It was sent by a medical doctor.

Slow Dance

Have you ever watched kids
On a merry-go-round?
Or listened to the rain

Slapping on the ground?

Ever followed a butterfly's erratic flight?
Or gazed at the sun into the fading night?
You'd better slow down.
Don't dance so fast.
Time is short.
The music won't last.

Do you run through each day
on the fly?
When you ask How are you,
Do you hear the reply?
When the day is done,
Do you lie in your bed
with the next hundred chores
Running through your head?
You'd better slow down.
Don't dance so fast.
Time is short.
The music won't last.
Ever told your child,
We'll do it tomorrow?
And in your haste,
Not see his sorrow?
Ever lost touch,
Let a good friendship die
'cause you never had time
To call and say, "Hi!"

You'd better slow down.
Don't dance so fast.
Time is short.
The music won't last.
When you run so fast to get somewhere,
You miss half the fun of getting there.
When you worry and

hurry through your day
It is like an unopened gift...
Thrown away.
Life is not a race.
Do take it slower.
Hear the music
before the song is over.

第八章　Excerpts from *Good English*（《典范英语》节选）

6-② Noisy Neighbors

Author: Geraldine McCaughrean

Synopsis: Mean Mr Flinch tries to get rid of his two noisy neighbors, Carl Clutch and Poppy Plink, by offering them money to move. They agree and Mr Flinch is happy, but he gets a shock when he sees they are only moving into each other's houses.

In a grim, grey house in a grim, grey town lived an unhappy man.

It was not his grey house that made Mr Flinch unhappy. It was not that he was poor, because he was not. Mr Flinch was a miser. He never gave away a penny.(He never gave away a smile either.) He was a mean and miserable man.

Mr Flinch was miserable because of his neighbours.

On one side of Mr Flinch's grim, grey house stood a jolly red one. It belonged to Carl Clutch who mended cars.

Carl loved cars–and motorbikes and vans and lorries. Every morning, Mr Flinch woke up to hear hammers banging, spanners clanging and engines revving. The whole street shook with the noise.

On the other side, in a bright blue house,lived a music teacher called Poppy Plink. Each morning, Poppy sat down and played grand tunes on her grand piano. After breakfast, her students started to arrive.

Violins screeched, drums thundered and bassoons bellowed. Mr Flinch shut his window, but the noise still came through the wall. Brum–brum, tootle–toot, bang! His whole house shook and shivered.

He put his fingers in his ears.

He rapped on the wall... but his neighbours did not hear.

They were far too happy. They were mending cars and making music, and they loved their work.

Brum-brum, tootle-toot, bang!

Mr Flinch rap rapped until he made holes in his wallpaper. It did no good.

Mr Flinch locked himself in a cupboard. He wound old towels round his head.

He wrote angry letters, but tore them all up. 'Stamps cost far too much money!' he said.

Even in bed, he wore a hat to keep out the noise.

But the cars still revved and the music still jangled.

Mr Flinch was the grey filling in a noise sandwich.

'This can't go on,' Flinch thought to himself. He even shouted it out loud: 'This can't go on!'

6-⑧ The Masked Cleaning Ladies Save the Day

Author: John Goldwell

Synopsis: As the football championship approaches, King Harry discovers the opposing team has hatched a plot to win the game. Disguised as the Masked Cleaning Ladies, he succeeds in foiling their plans and wins the championship.

'Well,' whispered King Harry, 'what can you see?'

Captain Jones was peering through the keyhole.

'They are sitting facing each other,' he said.

'Yes. Yes,' said King Harry.

'Now Mr Goal is swinging a watch on a chain, backwards and forwards,' said Captain Jones.

'He's telling the Princess about last-minute goals,' said Captain Smith.

'No he's not,' gasped Captain Jones. 'He is hypnotizing Princess Jane.'

'I wonder why?' said King Harry.

'To help her remember tactics,' said Captain Smith.

'I still don't like it,' said King Harry.

Princess Jane danced into the kitchen.

'He's gone.'

'How do you feel?' asked King Harry.

'Brilliant,' said Princess Jane. 'I feel ready to score loads of goals.'

'Jolly good,' said Captain Smith.

'I must go and work on my penalty kicks,' said Princess Jane. 'By the way, Captain Smith, I love your new overall.'

'Thank you, Princess.'

'Green really suits you,' laughed the Princess as she ran off to the garden.

The three cleaners looked at each other.

'Green! ' they said together.

'But my overall's red,' said Captain Smith.

'It's that Mr Goal,' roared Captain Jones. 'He's hypnotized her to think that red is green.'

'Why does he want her to think that? ' asked King Harry.

'Because,' gasped Captain Jones, 'Carrot Castle are playing in red. If the Princess thinks that red is green she will pass to the Carrot Castle team instead of ours.'

6-⑫ Cornflake Coin

Author: Jonny Zucker

Synopsis: A local newspaper is running a competition to find the most interesting piece of buried treasure. When Kerry finds an old coin she hopes it is something special, but Matt Thorn hears the teacher tell her it was given away in a cereal packet. Matt has found a very old teacup which could win, so when Kerry's dog finds another old coin, is it worth entering it in the competition?

'I'm taking Barker for a walk before he digs any more holes,' her dad said. 'Why don't you two come with me? '

'Don't feel like it,' said Kerry.

'Come on!' said Dad. 'We can go up the big hill where they're building that new café.'

Kerry groaned. She stood up and took Barker's lead.

Ten minutes later, they were at the top of the hill. There was a huge, muddy hole in the ground where the café was going to be built.

Dad went to look at the yellow digger parked under some trees.

Barker suddenly started howling and pulling away from Kerry.

She dropped his lead. In a second he had raced down into the hole and started digging.

'Maybe he's found some real treasure! 'Kerry shouted.

'I bet it's just an old bone,' said Omar. 'He's always digging up something.'

Barker scrabbled about and dug up some bits of wood. Then he trotted over to Kerry. There was something in his mouth.

The look of excitement vanished from Kerry's face. 'Just our luck,' she grumbled, 'it's another of those stupid cornflake coins.'

'Let's keep it, anyway,' said Omar.

'You can if you want to,' shrugged Kerry, handing him the coin, 'but I've had enough of cornflake coins.'

Just then, Kerry's dad called them over. It was time to go. Omar slipped the coin into his pocket. Kerry grabbed Barker's lead and they all went back down the hill.

7-⑦ Amy the Hedgehog Girl

Author: John Goldwell
Synopsis: Mr Peck thinks hedgehogs are eating his vegetables. Amy shows him that he is quite wrong.

'What a nerve,' said Amy. Then a smile crept across her face. 'I know how to fix you, Mr. Peck.'

She raced round to Mr Peck's garden. Some of the people were still enjoying a cup of tea and biscuits.

Before Mr Peck could stop her, she said, 'Ladies and gentlemen. There is something I must tell you. All the money you have given tonight is going to a hedgehog hospital to look after sick hedgehogs.'

Everyone clapped and nodded their heads. Everyone except Mr Peck. His face went bright red and he made a strange spluttering noise.

'Not only that,' went on Amy, 'but Mr Peck has agreed that for every pound that you give tonight, he will give another pound of his own money.'

Everyone clapped again and cheered. Mr Peck went a very pale colour. Somehow he managed a smile.

Before he could say anything, Amy said, 'And I am happy to say that the hospital has asked me to take the money to them.'

She held out her hand. Gloomily, Mr Peck passed the box over to Amy.

Then, an even gloomier look spread across his face as he dug into his pocket and pulled out two ten pound notes.

'A big hand for Mr Peck,' said Amy.

This is not quite the end of the story. Amy felt rather sorry for Mr. Peck.

7-⑧ Dangerous Trainers

Author: Susan Gates
Synopsis: A spooky story in which trainers come to life at night. Do the trainers really go out alone at night or is someone having a bad dream?

But I'm on a mission. I'm finding out all about the secret life of trainers. I'm finding out what they do when we're all asleep.

I hide behind a bush and spy on them.

At first, they look very innocent.

They're walking around the garden in the moonlight. Just walking.

'That's not dangerous,' I think. 'They're just out for a walk, that's all. A walk in the moonlight.'

But no.

A moth flies by.

And suddenly, the trainers spring into action. One of them throws out a lace like a lasso.

Got it! The moth flutters. But it can't get free. Then the big purple tongue flicks out and, gulp, the moth is gone.

I can't believe it! The trainers aren't taking a walk. They're hunting. Hunting for things to eat. My brother's trainers are carnivorous!

They're very good hunters. They guzzle everything in sight.

A shiny black beetle trundles across the grass. He doesn't stand a chance. Flick goes the lace and he's dragged into the trainer's purple throat. Crunch, crunch.

'Burp!' goes the trainer.

A worm pops its head up. Wham! goes a trainer and stomps on it. The other trainer licks it up with its tongue.

The trainers sniff the air. They're looking for something else to gobble.

I hear a rustling in the bushes. A baby mouse pops out its pink nose. Oh no!

The trainers' eyes gleam at each other. They stay very, very quiet. They're waiting.

The baby mouse darts out of the grass.

'Run, mouse, run!' I shout. 'You're in deadly danger. The trainers will gobble you up! Run for your life!'

7-⑮ Here Comes Trouble

Author: Tessa Krailing

Synopsis: Trudy Hubble is clumsy, so she's called 'Trouble'. Everyone expects the worst of her, until she meets graceful Mrs Willow. Mrs Willow advices Trudy to think of herself as a swan. It makes a remarkable difference in Trudy.

Trudy couldn't believe it. Mrs Willow seemed so tall and graceful. She didn't look the sort of person who would knock things over.

'You couldn't have been as clumsy as I am,' she said. 'I'm the clumsiest person in our school! '

Mrs Willow took a photo from the top of the piano. 'Do you see this girl playing tennis? ' she asked. 'Well, that was me.'

Trudy looked at the photo.

The girl playing tennis was tall and thin with untidy hair. She had a wide grin on her face.

Mrs Willow laughed. 'I was a real ugly duckling, wasn't I? But do you remember what happened to the ugly duckling? '

Trudy nodded. 'It grew up to be a swan. But I don't think I shall. I'll just grow up to be an ugly duck.'

'Not if you do as I did. You have to keep telling yourself that inside, where it matters, you're really a swan.'

'Go on, say it now.'

Trudy said doubtfully, 'I'm a swan.'

'It doesn't work, you know. It's a kind of magic. Say it again. This time, as if you really believe it.'

'I'm a swan! '

'That's better.'

Mrs Willow smiled. 'Now help me clear up these bits of old vase. Then we'll have some tea.'

They drank tea from china cups. They ate chocolate cake off delicate plates.

And Trudy didn't break another thing. She ran home muttering, 'I'm a swan, I'm a swan,' and she didn't bump into a single person. So perhaps it was a kind of magic, after all.

7-⑯ Doohickey and the Robot

Author: Jonathan Emmett

Synopsis: Doohickey answers an advertisement for a professor's assistant. When the professor leaves him with a boring list of jobs to do, Doohickey decides to get help from the professor's newest invention, a robot.

Doohickey picked the list out of the bin. He stuck it back together with some sticky tape.

'How does that look? ' he asked, showing it to Newton.

Newton studied the list. 'It looks OK to me,' he said.

'Now for the clever bit,' said Doohickey.

He climbed on top of a stool and fed the stuck-together list through the slot in the robot's chest.

'Oh dear,' said Newton, shaking his head, 'the professor isn't going to like this.'

'The professor isn't going to find out! ' said Doohickey. He hit the big button.

The robot hummed, whirred and then straightened itself up.

'It'll all end in tears,' sighed Newton.

The lights on the robot's face flickered on and off for a few minutes and then it stomped out of the attic.

'Piece of cake! ' said Doohickey, grinning. 'Now, where can I take a nap? '

The robot stomped down the stairs and into the professor's bathroom. It grabbed a great armful of dirty clothes. Then it carried them down to the kitchen. But instead of putting them into the washing machine it stuffed them into the oven.

Next, it took some meat and vegetables out of the fridge. It chopped and sliced them to make a delicious stew. Then it emptied the whole lot into the washing machine!

After that, it brought the lawnmower into the house and ran it over the hall carpet.

And it took the Hoover outside and sucked the leaves off the lawn.

7-⑰ Doughnut Dilemma

Author: Margaret McAllister

Synopsis: Danny's football hero is Keith Connolly, Lowgate United's star striker. In a television interview Danny hears Keith say that he loves doughnuts, so he decides to take Keith some doughnuts as a present.

In his house on the other side of the city, Keith Connolly was lying awake, too, under his Lowgate duvet. He was thinking of doughnuts. He wasn't happy.

He wished he hadn't said anything on TV about doughnuts. Now however hard he tried, he couldn't stop thinking about them. Enormous, gooey, sticky doughnuts, oozing with strawberry jam.

But you can't be a top striker and eat doughnuts.

The team lived on chicken, fish, vegetables, pasta, and fresh fruit.

Doughnuts were made of all the things they mustn't eat-white flour, jam, sugar, deep fried in oil, light, golden, and crisp.

He groaned, pulled the duvet over his head, and tried to sleep.

...

Doughnuts followed him into his sleep. He dreamed of scoring in the World Cup by belting a doughnut to the back of the net.

In the mornings, he drove to the Jam Street ground the long way round, so he wouldn't smell the doughnuts in the bakery.

If he saw the security guards eating doughnuts, he had to look away. Even the Boss's head, which was bald and sun-tanned and often glistening with sweat, made him think of a golden brown doughnut sprinkled with sugar.

8-② The Personality Potion

Author: Alan MacDonald

Synopsis: Danny would rather read detective stories than play with friends. He would like to stand up to Duncan Wicks on the school bus and speak to Laura Mills, but Danny doesn't have the nerve. Then Uncle Hal creates the personality potion, and suddenly Danny is brave enough for anything.

At break, Danny and Sparrow talked about the school play. Sparrow said Mark Shaw would probably play Bugsy. Mark was captain of the football team and he got chosen for everything. Danny said he might even try for the part himself.

Sparrow gaped at him. 'You? You play Bugsy Malone?'

Before Danny could answer, he saw Wicks. He was on the far side of the playground and he was coming straight towards them.

Danny didn't have any time to think. Quickly, he fumbled for the Personality Potion and took a drink. If it really worked he desperately needed it now.

A group of girls stood between Wicks and Danny. Wicks barged his way right through the middle, knocking one of them over. Danny just had time to notice it was Laura Mills before Wicks was on them.

'Specs! I've been looking for you.'

'Oh have you? What for?'

'Where's my fudge bar? I told you to bring it today.'

'He must have forgot,' Sparrow said bravely.

'Who asked you, midget?' said Wicks, raising his fist. Sparrow ducked away.

Wicks held out his hand to Danny. 'Fudge bar, Specs. You'd better have it.'

'It's in my bag,' said Danny, '...but there's one problem.'

'Oh yeah, what?'

'You can't have it.'

He was amazed at the words he'd just spoken. It must have been the potion speaking. Wick's mouth was open but nothing was coming out.

'Say that again,' he said at last.

'I said it's my fudge bar. You can get lost.'

A crowd was gathering round them. Danny could see Laura and her friends at the front.

No one had ever told Wicks to get lost before, and they wanted to see what would happen.

Danny felt scared but also reckless. It was as if the potion had released a cork inside him.

Wicks took hold of Danny's arm and started to twist.

'You go and get it right now, Specs.'

'Sorry, no. I think you should lay off the sweets, Wicks. Your teeth are going green.'

'What did you say?'

'They're green. Everyone calls you Grotgums.'

The crowd laughed. They couldn't believe their ears. Here was quiet Danny Doolan, standing up to the worst bully in the school.

8-⑥ Kelly the Rescue Dog

Author: Tessa Krailing

Synopsis: When an earthquake destroyed the town of Izmit in Turkey, many people were trapped in their homes. Rescue teams flew in from other countries to help with the search. Kelly, and her handler Simon, helped save lives in that rescue. The story tells us what happened to a boy called Tariq and his father at that frightening time.

For twenty minutes she kept on searching. It was very hot. Soon her nose and eyes were coated with dust and she was panting hard. But she didn't give up. She never gave up until the game was over.

"Kelly, stop!" called Simon. "Time for a break. Come here."

Wearily she limped towards him. Simon shouted to the interpreter. "Ali! Can you find us a vehicle with air-conditioning? Kelly needs to cool down."

Ali found a Range Rover and told the driver to start up the engine. For ten minutes they sat inside, enjoying the chilled air. Soon Kelly began to recover. But they couldn't afford to rest for too long. Outside, the boy Tariq watched them with anxious eyes. He was waiting for them to continue the search. They climbed out of the vehicle and went back to the ruins.

Again Kelly set off across the rubble. She kept sniffing, her sharp nose seeking the faintest smell of a living body. Her tail never stopped wagging for an instant. Simon could see it waving like a flag. It told him she was still working—that she hadn't given up.

Suddenly she stopped, balanced on a pile of roof tiles. Her nose quivered.

What was that smell?

It was very faint... but yes, there it was again! There was definitely something there...

She peered down into the darkness, but she could see nothing. Nonetheless her nose told her that she was right. Something—no, someone—was lying in the tangled mass of concrete below her. And they were breathing, whoever they were.

The game of hide-and-seek was over. She had found what she was looking for—a living person. Oh, she couldn't wait to tell Simon! She must give him the signal straight away.

Kelly raised her head and barked.

8-⑨ Climbing in the Dark

Author: Nick Warburton

Synopsis: At 12 years old Tess begins her working life as a housemaid. On her first day, a chimney sweep arrives, with a boy whose job is to climb up the chimneys to clean them. The boy is frightened. Tess, and the young daughter of the family, Harriet, decide that something must be done to save him from his cruel master.

He blinked and two white eyes appeared in his face. Harriet broke free of Mrs Hutton and dashed to a cord hanging by the door.

She's going to pull the bell, I thought. She's going to call the whole house in here and get poor Will taken away.

Mrs Hutton caught her by the wrist.

'Now you just calm yourself, miss,' she said. 'The little lad's hurt himself and we can't go giving him back to old Fry just yet...'

'But why not?'

'Because he'll beat him, that's why not,' said Mrs Hutton crossly.

I was amazed that she spoke to her like that. But Harriet did as she was told. She calmed down and pressed herself against the wall, as far from Will as she could get. Mrs Hutton went over to the boy and knelt beside him. She sat him up, gently stroking his face and hair.

'Can't you see?' she said to Harriet. 'He's had a fright.'

Will was shaking, and he'd started to cough again. Mrs Hutton rubbed his back and spoke to him in a soft, kindly voice. Harriet edged away from the wall and came to stand behind Mrs Hutton. She could see now that there was no monster in her room, only a poor frightened boy.

8-⑩ Grace the Pirate

Author: James Riordan

Synopsis: Grace becomes a pirate when the ship she is travelling on is taken over by Captain Cutthroat and his men. But the men don't like having a woman on board and she is left to feed for herself on a desert island. Months later the ship returns, without the captain. Grace is invited back on board as Captain.

As the ship sailed in close to the bay, a couple of us sailors went to toss Grace overboard. But she pushed us away, shouting to the crew, 'Is none of you man enough to stick up for me?'

Now, though we were scared of Cutthroat, we weren't all cowards. I couldn't help myself.

'If we chuck her into the water,' I said, 'the sharks'll get her. Even if she makes land, she'll starve to death. Let's leave her be. We could drop her at the next port.'

Cutthroat would have none of it. But Grace was not going to give in without a fight.

'Where was your captain last night? Dead drunk!' she cried. 'You could have all been drowned, for all he cared.' She gave me a grateful look. 'Why don't you listen to the mate?'

At that Cutthroat snatched his cutlass out of his belt.

'That girl goes into the water. Any man who disobeys me will taste my steel!' he roared. 'You first, Mister Watkins!'

I bit my tongue.

With Grace wriggling like an eel, it took half a dozen sailors to bundle her over the side. She hit the sea like a sack of herring tails. Some of the crew laughed and jeered as they watched the race for shore. Grace was swimming a leg's length ahead of the sharks.

But not all of us were laughing.

Some of us were deeply ashamed.

All at once, it came to me. I knew I'd seen those baggy breeches before! Of course, it was the bold sailor from the previous night.

That was Grace!

'Come on, missy, you can do it!' I whispered, willing her to escape the sharks.

And she did. She just made land as a shark's jaws snapped shut on her sandal.

I watched her crawl up the sand and sit there, gazing after our ship as we sailed over the horizon. Her shouts came to us on the wind.

'I will show you! You'll live to remember Grace Barry!'

9-① The Secret Garden

Author: Frances Hodgson Burnett

Synopsis: When her parents are killed by cholera, Mary Lennox is sent from India to live in England with her uncle. A robin helps her to find a secret garden. One day she finds Colin Craven, her cousin who cannot walk or stand and never leaves his bedroom. Mary takes him to visit the secret garden and here he begins his recovery.

A few days later, Dickon was waiting for her as she crossed the grounds between the house and the walled gardens. He had glorious rust-coloured hair and blue eyes the colour of the sky. He was sitting beneath a tree, perfectly still. Around him, rabbits and pheasants and squirrels had gathered. As she approached, he put his fingers to his lips to warn her to be quiet. Once, if someone ordered her to do something she would have flown into a rage. But she wasn't the old Mary from before and she obeyed.

Mary liked him at once. 'I've brought these for you,' he said. He held a large package, wrapped in a brown paper. 'Here's a spade and a fork and a hoe,' he told her.

'And seeds?'

'Aye, and seeds.'

'Thank you,' she said. She hesitated and looked at Dickon.

'Dickon,' she began.

'Aye?'

'Do you know much about gardening?'

'I guess.'

'And can you keep a secret?'

'Huh! Half the birds and foxes round here'd be dead if I couldn't!'

Mary made up her mind to trust him. 'Follow me,' she said.

◆◆◆

Colin never forgot that day. How Dickon pushed him in his wheelchair along the grounds towards the secret garden. How the smell of fresh air and the feel of the gentle spring breeze on his face wasn't scary at all. It was wonderful! The way his heart beat fast when Mary showed him the very spot where the robin had shown her the key. The cascading ivy hiding the entrance. And when he had leaned forward in his chair to push open the door leading inside the secret garden. Oh! Oh!

Inside was just as Mary had described. Better. Better than any fairy tale. 'Take me over there! Now over there!' he ordered in delight as Dickon wheeled him up to every corner, every nook and cranny of the garden.

9-② White Fang

Author: Jack London

Synopsis: White Fang tells the story of how a wolf is gradually transformed into a dog. The story is told mainly from his point of view. He started life in the wild with his mother Kiche, but then they are kept and trained by Grey Beaver, a Native American. White Fang is taken to Fort Yukon on a trip to trade furs, where Grey Beaver is tricked into selling him. White Fang is beaten and turned into a fighting dog, but two men save him and treat him with kindness. In time he responds and is tamed.

White Fang was wary. He was still waiting for his punishment. He watched the men. At first they put some meat near him in the snow. He went up to it, expecting a trick. But nothing happened. He ate the meat. Then one of the men came near with more meat in his hand. White Fang stared at it. Was this the trick? Bit by bit, he went up to the man, keeping his eyes firmly fixed on him. Finally, he took the meat and growled, to show he wasn't to be tricked!

The man started talking to him in a soft voice. It gave White Fang a strange feeling, as if an empty space inside him was being filled. Then the hand came again. Immediately he was wary. Now it was coming. The punishment!

But the man went on talking in that soft tone. White Fang was torn, the voice made him feel calm, but the hand was a threat. He snarled and flattened his ears. Nearer and nearer, the hand came, and then it touched his fur. He shrank down. It followed him, stroking and patting him and rubbing his ears.

'Well, I never! 'said Matt, scratching his head, puzzled.

White Fang snarled at the sound of Matt's voice, but he did not leap away from the hand that was stroking him.

This was the beginning of a new life for White Fang. For Scott it meant hours of hard work and patience. For White Fang it was the end of a life of hate.

But things do not happen in a day. Scott was determined to use kindness to awaken White Fang's need to love and be loved. Once, White Fang had known this with his mother, but a life of hardship and cruelty had made him unloving and unlovable.

Every day, Scott spent time, stroking and patting him. White Fang still had his ferocious growl, but Scott noticed a new note—a purr of content.

9-③ Gulliver's Travels

Author: Jonathan Swift

Synopsis: Lemuel Gulliver is a traveler who sails to many strange lands. After a shipwreck, he lands in Lilliput. Next, he visits Brobdingnag, a land of giants. Other adventures include meeting the Laputans on a flying island and encountering a race of dignified horses, called Houyhnhnms, who make Gulliver rethink his feelings towards humans. He eventually returns home, spending most of his time with his horses.

Over the next few days I was as gentle as possible with the people of Lilliput—that was the name of the island—because that seemed my best chance of them setting me free. I began to learn their language, too. The children soon got up courage to play hide-and-seek in my hair, and the young people even held a dance on my head.

Every day I asked the king to undo my chains, and in the end he agreed. Before I was set free, though, the king's admiral, Skyresh, made me promise not to tread on people, and to be helpful to the king. In return, the king promised to give me enough food for 1,728 of his people. I was twelve times taller, wider and deeper than a Lilliputian, so this was exactly fair.

Once I was free I began to explore Lilliput. It was an extraordinary place, and the people carried on in some very odd ways. The children, for instance, lived in nurseries and only saw their parents twice a year. The boys were taught to do the same jobs as their fathers, and the girls learned housework, though the girls also learned to read, so they would be good company for their husbands.

The people of Lilliput seemed to find that these arrangements for the children worked all right, but I'm afraid all was not well in other ways.

It was partly the king's fault. He loved being the tallest, and so he gave all the best jobs at Court to people who wore low-heeled shoes. This, of course, annoyed all the people who liked wearing high ones. His son, the prince, did his best to stop people quarrelling by wearing one high heel and one low one, but this just made him fall over a lot, and everybody laughed at him.

As if this wasn't bad enough, the little people of the next-door island of Blefuscu were threatening to invade. Lilliput and Blefuscu had been at war for years because the Blefuscans insisted on doing something that the Lilliputians thought was very wicked. I didn't really understand it myself, but whenever a Blefuscan ate a boiled egg, he always opened it at the Big End. The Lilliputians always opened their boiled eggs at the Little Ends. Everyone in Lilliput seemed to think this was very important.

The Lilliputians were extremely worried, because the Blefuscan warships were all ready to set sail.

I went to the king straight away and told him I would help defend Lilliput against the Blefuscans, even if it meant risking my life.

第九章　Selected Short Stories（短篇小说精选）

1

A Shoe-Cleaning Boy

One evening I was resting in a cafe. I wore a pair of newly bought white leather shoes, which were rather expensive. Then a boy came to me. He was in an unfit shirt, looking pale and about eleven. He opened the box in his hand and took out the tools of shoe-polishing. He bent down, took off my leather shoes, and began to shine them. He was busy doing his work when heavy rain began to pour down. People rushed to the café for protection from the rain. More and more people crowded in and gradually separated the boy from me.

Hours passed, and it turned dark. I had no shoes on my feet and wondered where the boy had been. I thought he would not return my shoes, and I would have to go home on my bare feet.

When it was near midnight the rain ended, and there were fewer and fewer people in the café. The café was to be closed. I had to move to the door, head lowered. Just as I went to the gate, I surprisedly found that a boy of about eleven, looking very familiar, was sleeping at the door with his head leaning against a box and his upper body being bare. He held a package made of his shirt tightly in his arms. I shook him slightly and woke him up. He jumped up and rubbed his eyes for a while before he recognized me. Then he opened the package hurriedly, gave me my leather shoes, and apologized to me shyly. I paid him and wrapped him with his unfit shirt, which had wrappedmy leather shoes.

On my way home, the image of the boy stayed in my mind.

2

Make a Difference

"I can't believe what I'm hearing," I thought to myself. Jeff was the last candidate for president of student council. My best friend Tony came to me and said. "I'm sorry, Mike. I really thought you should be chosen.

Later that day, I happened to pass Jeff in the dining room. I offered him a polite "Congratulations" and walked to my usual table. To my surprise, Jeff put his plate beside mine.

"I'm, er—I'm just wondering if you would... consider coming to work on my team," he said nervously. "You are really smart, and you would be a great manager."

"I don't think so," I replied, feeling unsure.

"Well, if you change your mind, we are meeting tomorrow," he said before moving to another table.

All that night, I thought about the offer from Jeff. Maybe being a part of the election process would give me a chance to make important changes at our school.

I decided to join them.

My first goal was to create a catchy advertisement. Within a few days, we designed a poster with Jeff's pictures showing him in a number of activities. No one could walk through any hallway without passing Jeff's smiling face.

My next step was to find out which new activities students would like to have at our school. Many of them wanted a chess club and a volleyball team.

With the information I had collected, Jeff met with the headmaster. The headmaster agreed to add these activities to our school program.

With my help, Jeff and our ideas were well received at school.

An eighth grader said, "It'll be like attending a new school with Jeff as president."

Hearing these words made my heart filled with pride. I had wanted to become president of Student Council to make a difference. I achieved that and more by working as a member of Jeff's team. He became the most popular candidate and I was a large part of his success. The fact that it has made a difference in other people's lives is the real prize. What a great feeling!

3

Christmas Presents

As Christmas is coming, there are presents to be bought, cards to be sent, and rooms to be cleaned. Parents are faced with difficult jobs of hiding presents from curious young children. If the gifts are large, this is sometimes a real problem Christmas Eve, young children find the excitement almost unbearable. They are torn between the wish to go to bed early so that Father Christmas will bring their presents quickly and the wish to stay up late so that they will not miss the fun. The wish for gifts usually proves stronger. But though children go to bed early, they often lie awake for a long time, hoping to get a short look at Father Christmas.

Last Christmas, my wife and I successfully hid a few large presents in the storeroom. I feared the moment when my son, Jimmy, would ask me where that new bike had come from, but fortunately he did not see it.

On Christmas Eve, it took the children hours to go to sleep. It must have been nearly midnight when my wife and I went quietly into their room and began filling stockings. Then I pushed in the bike I bought for Jimmy and left it beside the Christmas tree. We knew we would not get much sleep that night, for the children were sure to get up early. At about five o'clock the next morning, we were woken by loud sounds coming from the children's room—they were shouting excitedly!

Before I had time to get out of bed, young Jimmy came riding into the room on his new bike, and his sister, Mary, followed close behind pushing her new baby carriage. Even the baby arrived. He moved on the hands and knees into the room dragging a large balloon behind him. Suddenly it burst. That woke us up completely. The day had really begun with a bang!

4

WHOOSHKA

It was a dark, dark night. The snow was coming down and it was very, very cold. The wind howled.

'Where will we sleep tonight? ' asked Edward. 'If we stay out here in the snow we'll freeze to death.'

'We could try the train station,' said Tim. 'When it's very cold they sometimes let us stay there.'

They walked towards the station. The wind was cutting into them. They took a long time to get there. When they arrived they found all the lights were turned out and the station locked up. What could they do?

They were so tired that they sat down on the steps. Edward saw a bottle nearby and picked it up. He couldn't quite read the label so he rubbed it on his pants.

Suddenly a huge man was standing next to them.

'Master, tell me what I must do.'

'He's talking to you, Edward,' said Tim. 'Do you know him? '

'Be quiet,Tim. This is Whooshka, my special friend. I always knew I would find him one day.

'Master, what will I do? '

'Find us a warm place to stay for the night, Whooshka. And something to eat.'

WHOOSH! Edward and Tim found themselves in a room with two beautiful beds. In the fireplace, a coal fire was burning brightly. On the table were two hot meals waiting for them.

Whooshka stood by the door waiting for the next command(命令).

5

Bobby's Gift

Bobby was getting cold sitting out in his back yard in the snow. Bobby didn't wear boots; he didn't like them and anyway he didn't own any. The thin sneakers he wore had a few holes in them and they couldn't keep out the cold.

Bobby had been in his backyard for about an hour already. And he could not come up with an idea for his mother's Christmas gift. He shook his head as he thought, "This is useless. Even if I do come up with an idea, I don't have any money to spend."

Ever since his father had died three years ago, the family of five had a hard life. It wasn't because his mother didn't care, or try. She worked nights at the hospital, but the little money that she was earning never seemed to be enough.

All three of his sisters had already made beautiful gifts for their mother. Somehow, it just wasn't fair. Here it was Christmas Eve already, and he had nothing.

Wiping a tear from his eye, Bobby kicked the snow and started to walk down to the street where the shops and stores were. It wasn't easy being six without a father, especially when he needed a man to talk to.

Bobby walked from shop to shop, looking into each decorated window. Everything seemed so beautiful and so far away. It was starting to get dark and Bobby unwillingly turned to walk home when suddenly his eyes caught the something shining on the ground. He reached down. It was a shiny dime.

Never before has anyone felt so rich as Bobby felt at that moment. As he held his new found dime, he got hot in his entire body and he walked into the first store he saw. But his excitement quickly turned cold when salesperson after salesperson told him that he could not buy anything with only a dime.

He saw a flower shop and went inside to wait in line. When the shop owner asked if he could help him, Bobby showed him the dime and asked if he could buy ONE flower for his mother's Christmas gift. The shop owner looked at Bobby and his ten cent. Then he put his hand on Bobby's shoulder and said to him, "You just wait here and I'll see what I can do for you."

As Bobby waited, he looked at the beautiful flowers and even though he was a boy, he could see why mothers and girls liked flowers.

The sound of the door closing as the last customer left. All alone in the shop, Bobby began to feel alone and afraid.

Suddenly the shop owner came out and moved to the counter. There, before Bobby's eyes, lay twelve red roses, with leaves of green and small white flowers. Bobby's heart sank as the owner picked them up and put them gently into a long white box.

"That will be ten cents, young man." the shop owner said, reaching out his hand for the dime.

Slowly, Bobby moved his hand to give the man his dime. Could this be true? Bobby couldn't believe his ears. No one else would give him a thing for his dime! The shop owner added, "I just happened to have some roses on sale. Would you like them?" When the man put the long box into his hands, he knew it was true. Walking out the door of the shop, he heard the shop keeper say, "Merry Christmas, son."

As he returned inside, the shop keeper's wife walked out. "Who were you talking to back there and where are the red roses?"

Slowly with tears in his own eyes, he replied, "A strange thing happened to me this morning. While I was setting up things to open the shop, I thought I heard a voice telling me to set aside a dozen of my best roses for a special gift. I wasn't sure at the time whether I had lost my mind or what, but I set them aside anyway. Then just a few minutes ago, a little boy came into the shop and wanted to buy a flower for his mother with one small dime. When I looked at him, I saw myself, many years ago. I too, was a poor boy with nothing to buy my mother a Christmas gift. A man with a beard, whom I never knew, stopped me on the street and told me that he wanted to give me ten dollars. When I saw that little boy tonight, I knew who that voice was, and I gave him my very best roses."

The shop owner and his wife hugged each other tightly, and as they stepped out into the cold air, they somehow didn't feel cold at all.

6

Pandora

After the stealing of fire, Zeus became increasingly unkind to men. One day he ordered his son Hephaestus to build an image of a beautiful maiden out of clay. He then asked the gods and goddesses to award her with different kinds of gifts. Among others, Athena clothed her in an attractive coat and Hermes gave her the power of telling lies. A charming young lady, she was the first woman that ever lived. Zeus called her Pandora. Because she had received from each of the gods and goddesses a gift. The gift was harmful to men.

Zeus decided to send her down to men as a present. So Hermes the messenger brought her to Epimetheus, brother of Prometheus. The greatness of her beauty touched the hearts of all who looked upon her, and Epimetheus happily received her into his house. He had quite forgotten Pometheus' warning: never to accept anything from Zeus. The couple lived a happy life for some time. Then trouble came on to the human world.

When he was busy with teaching men the art of living, Prometheus had left a big cask in the care of Epimetheus. He had warned his brother not to open the lid. Pandora was a curious woman. She had been feeling very disappointed that her husband did not allow her to take a look at the contents of the cask. One day, when Epimetheus was out, she lifted the lid and out it came unrest and war, plague and sickness, theft and violence, grief sorrow, and all the other evils. The human world was hence to experience these evils. Only hope stayed within the mouth of the jar and never flew out. So men always have hope within their hearts.

7

The Cop and the Anthem

by O·Henry

On his bench in Madison Square Soapy moved uneasily, and when Soapy moves uneasily on his bench in the park, you may know that winter is near.

A dead leaf fell in Soapy's lap. That was Jack Frost's card. Jack is kind to the regular residents of Madison Square, and gives them warning of his annual call.

Soapy realized the fact that the time had come for him to provide against the coming winter. And therefore he moved uneasily on his bench.

The winter ambitions of Soapy were not of the highest. In them there were no dreams of Mediterranean voyages, of blue Southern skies or the Vesuvian Bay. Three months on the Island was what his soul desired. Three months of assured board and bed and good company, safe from north winds and policemen, seemed to Soapy the most desirable thing.

For years the hospitable Blackwell prison had been his winter refuge. Just as the more fortunate New Yorkers had bought their tickets to Palm Beach and the Riviera each winter, so Soapy had made his arrangements for his annual journey to the island. And now the time had come. On the night before three Sunday newspapers, put under his coat, about his feet and over his lap, had not helped him against the cold as he slept on his bench near the fountain in the old square. There were many institutions of charity in New York where he might receive lodging and food, but to Soapy's proud spirit the gifts of charity were undesirable. You must pay in humiliation of spirit for everything received at the hands of philanthropy. So it was better to be a guest of the law.

Soapy, having decided to go to the Island, at once set about accomplishing his desire. There were many easy ways of doing this. The pleasantest was to dine at some good restaurant; and then, after declaring bankruptcy, be handed over to a policeman. A magistrate would do the rest.

Soapy left his bench and went out of the square and up Broadway. He stopped at the door of a glittering cafe. He was shaven and his coat was decent. If he could reach a table in the restaurant, the portion of him that would show above the table would raise no doubt in the waiter's mind. A roasted duck, thought Soapy, with a bottle of wine, and then some cheese, a cup of coffee and a cigar would be enough. Such a dinner would make him happy, for the journey to his winter refuge.

But as Soapy entered the restaurant door, the head waiter's eye fell upon his shabby trousers and old shoes. Strong hands turned him about and pushed him in silence and haste out into the street.

Soapy turned off Broadway. Some other way of entering the desirable refuge must be found.

At a corner of Sixth Avenue Soapy took a stone and sent it through the glass of a glittering shop window. People came running around the corner, a policeman at the head of them. Soapy stood still, with his hands in his pockets, and smiled at the sight of the policeman.

"Where is the man that has done that?" asked the policeman.

"Don't you think that I have had something to do with it?" said Soapy, not without sarcasm, but friendly.

The policeman paid no attention to Soapy. Men who break windows do not remain to speak with policemen. They run away. He saw a man running to catch a car and rushed after him with his stick in his hand. Soapy, with disgust in his heart, walked along, twice unsuccessful.

On the opposite side of the street was a little restaurant for people with large appetites and modest purses. Soapy entered this place without difficulty. He sat at a table and ate beefsteak and pie. And then he told the waiter that he had no money.

"Now go and call a cop," said Soapy. "And don't keep a gentleman waiting."

"No cop for you," said the waiter. "Hey!"

In a moment Soapy found himself lying upon his left ear on the pavement. He arose with difficulty, and beat the dust from his clothes. Arrest seemed a rosy dream. The Island seemed very far away. A policeman who stood before a drug store two doors away laughed and walked down the street. Soapy seemed to liberty.

After another unsuccessful attempt to be arrested for persecution a young woman, Soapy went further toward the district of theatres.

When he came upon a policeman standing in front of a glittering theatre, he caught at the straw of "disorderly conduct".

On the sidewalk Soapy began to sing drunken songs at the top of his voice. He danced, howled, and otherwise disturbed the peace.

The policeman turned his back to Soapy, and said to a citizen:

"It is one of the Yale lads celebrating their football victory over the Hartford college. Noisy, but no harm. We have instructions not to arrest them."

Sadly, Soapy stopped his useless singing and dancing. A sudden fear seized him. Was he immune to arrest? Would never a policeman lay hands on him? The Island seemed an unattainable Arcadia. He buttoned his thin coat against the north wind.

In a cigar store he saw a well-dressed man lighting a cigar. He had set his silk umbrella by the door, Soapy entered the store, took the umbrella, and went out with it slowly.

The man with the cigar followed hastily.

"My umbrella," he said.

"Oh, is it? " said Soapy. "Well, why don't you call a policeman? I took it. Your umbrella! Why don't you call a cop? There stands one on the corner."

The umbrella owner slowed his steps. Soapy did likewise. The policeman looked at them curiously.

"Of course," said the umbrella man, "that is—well, you know how these mistakes occur—I—if it's your umbrella I hope you'll excuse me—I picked it up this morning in a restaurant—if it is yours, why—I hope you'll—"

"Of course it's mine," said Soapy.

The ex-umbrella man retreated. The policeman hurried to help a well-dressed woman across the street.

Soapy walked eastward. He threw the umbrella angrily into a pit. He was angry with the men who wear helmets and carry clubs. Because he wanted to be arrested, they seemed to regard him as a king who could do no wrong.

At last Soapy reached one of the avenues to the east where it was not so noisy. He went towards Madison Square, for the home instinct remains even when the home is a park bench.

But on a quiet corner Soapy stopped before an old church. Through one window a soft light glowed, where, no doubt, the organist played a Sunday anthem. For there came to Soapy's ears sweet music that caught and held him at the iron fence.

The moon was shining; cars and pedestrians were few; birds twittered sleepily under the roof. And the anthem that the organist played cemented Soapy to the iron fence, for he had known it well in the days when his life contained such things as mothers and roses and ambitions and friends.

The influence of the music and the old church produced a sudden and wonderful change in Soapy's soul. He saw with horror the pit into which he had fallen. He thought of his degraded days, dead hopes and wrecked faculties.

And also in a moment a strong impulse moved him to battle with his desperate fate. He would pull himself out of this pit; he would make a man of himself again. There was time; he was young yet. Those sweet organ notes had set up a revolution in him. Tomorrow he would be somebody in the world. He would-Soapy felt a hand on his arm. He looked quickly around into the broad face of a policeman.

"What are you doing here? " asked the policeman.

"Nothing," said Soapy.

"Then come along," said the policeman.

"Three months on the Island," said the Magistrate in the Police Court the next morning.

第十章　News and Essays from Newspapers and Magazines(报刊选读)

1

US: Obama Wins Again

BARACK Obama, 51, has won again! Four years ago, he became the first black president of the US. For the next four years, he will still be the nation's president.

As president, Obama ended the war against Iraq. He helped the US economy begin to get a little better. He saved the car industry. He cared about people's health. All of this helped him win votes.

For the next four years, Obama is confident. "The best is yet to come," he said.

Guiding Questions:

1. Do you know Obama?

2. What is Obama's job?

3. How many times is he the president of America?

4. Is he the first black president in the U.S.A.?

5. What did Obama do in the past four years?

2

Grow Your Mo to Save Your Bro

MANY young men are growing moustaches. Why? Well, they do it for charity each November, and they call the event "Movember". This happens across the English-speaking world. We can call a moustache a "mo". Guys with moustaches are "mo bros", because bro means brother.

Since 2004, men with moustaches have done a lot to raise money for men's health problems. They now raise millions of dollars each year. In Canada alone, people raised $32 million (200 million yuan) in 2011.

There are some funny rule. The moustache must be mainly above your mouth, although it can grow down the sides too. Another rule says no beards. The most important rule, though, is this: you must not touch your moustache for the whole month. Just let it grow!

Would you like to grow a moustache of your own?

Guiding Questions:

1. Why do people grow moustaches?

2. Why do we call the event "Movember"?

3

Solo Star

HE has a pretty face. He plays the piano well. When he smiles, his white teeth shine. Who else could it be? It is, of course, Taiwanese singer Aaron Yan.

Yan, 27, was once a member of the boy band Fahrenheit. Last year, he went solo and made his first solo album The Next Me. His second album, The Moment, came out on October 19.

When he was in Fahrenheit, Yan was the youngest member. He was a quiet and emotional boy then. Now he looks a lot more confident.

"Unlike with Fahrenheit, I have to face people by myself now. So I think much more than before and have become more independent, too," he said.

Guiding Questions:

Read the article and complete the personal file:

Personal File for Sola Star		
Name:	*Birthday*:	*Birthplace*:
Height:	*Weight*:	*Occupation*:
Album:	*Ability*:	*Personality*:

4

Lego League Robot Contest

Two students discuss changes to their design during a First Lego League robot contest at Beijing No. 11 Middle School on Sunday. More than 1,000 students from 28 provinces participated, with the champions representing China at the FLL finals in the Netherlands in June. [Photo / China Daily]

5

TV Series of Three Kingdoms Produced

Romance of the Three Kingdoms is a 1994 television series produced by CCTV. It is based on Luo Guanzhong's Romance of the Three Kingdoms, one of the Four Great Classical Novels. It spanned a total of 84 episodes, with each episode being approximately 44 minutes long.

A production team of about 1000 people took four years to complete the massive project. More than 400,000 civilian participants were recruited, including divisions of the PLA. It is CCTV's most expensive TV series production up to date. Most of the dialogues spoken by the characters were adapted directly from the novel. Extensive battle scenes were live acted, such as the Battle of Guandu, Battle of Red Cliffs and Battle of Xiaoting.

6

Japanese Monk Repenting in China

Iwata Ryuzo, a 75-year-old Japanese Buddhist monk, repents in Chongqing on May 3,2011 for the atrocities committed by Japanese soldiers who invaded China in World War II and prays for the 12,000 victims who died in the bombing of the city, which was then the provisional capital of China. Ryuzo has traveled to many countries to repent for the war crimes.

7

Girls Learning Ballet

A girl yawns as she stands in line with other students waiting to practise ballet at Feier Angel Dance training centre in Beijing April 23, 2011. About 100 girls, mostly between the age of three and seven, learn ballet at the centre.

8

Chinese-Style Transformer

A transformer model featuring legendary Chinese general Guan Yu towers up on a street in downtown Shenyang, Northeast China's Liaoning province, April 20, 2011. The 9.7-meter-high robot, designed by a college student, is made of steel bars, PVC plastics and lumber. Guan Yu was a general serving under the warlord Liu Bei during the late Eastern Han Dynasty and the Three Kingdoms period (AD 220-280). He is respected as a symbol of loyalty and worshipped as the god of war in China.

9

Hailstorm Hits Hangzhou

A woman puts a pressure cooker over her head as a sudden hailstorm hits Hangzhou, East China's Zhejiang province, April 27, 2011. One netizen called it the most suitable umbrella for this weather.

10

MJ

As a well-known and much-loved singer and songwriter, Jackson was born August 29,1958, in Gary, Indiana, to an African-American working-class family. His father, Joseph Jackson, had been a guitarist but had put aside his musical aspirations to provide for his family as a crane operator. The seventh child of the Jackson family, he debuted on the professional music scene along with his brothers as a member of The Jackson 5, then the Jacksons in 1964, and began his solo career in 1971.

11

The Mid-Autumn Festival

THIS September 12 is the Mid-Autumn Festival, a traditional Chinese holiday.

The Mid-Autumn Festival falls on the 15th day of the eighth month of the Chinese lunar calendar. People can see the round and bright moon during the festival, which stands for family reunion in Chinese tradition. Just as Western people go back home at Christmas and Thanksgiving, families also try to get together for the Mid-Autumn Festival in China.

Chinese festivals are usually related to food, and the Mid-Autumn Festival is no exception. People eat moon cakes during the festival. These are small cakes with fillings such as nuts, sugar, sesame seeds and egg yolk. The round shape of the moon cake stands for family reunion.During the day of the festival, family members get together and enjoy a big dinner. They sit around a table chatting and eating. Later, they eat moon cakes and fruit and admire the full moon at night. Looking up at the bright moon, they all express their best wishes for their family and ancestors.

The festival inspired lots of Chinese poets to show their feelings. Many of their poems have become treasures in Chinese literature. For example, Su Shi of the Song Dynasty wrote The Mid-Autumn Festival, Tune: Prelude to Water Melody during the Mid-Autumn Festival. This classic tells the story of people who miss their families and hometowns.

12

Rock Balancing

An arrangement of stones is pictured at Daranak falls in Tanay, Rizal province, east of Manila after a rock balancing performance Sept 5,2011. Rock balancing is a performance art which involves arranging natural stones usually found on location, in gravity-defying arrangements without the need of any additional tools. Local environment enthusiasts Leandro Mendoza and Ildefonso Vista pioneered this art form in hope of creating greater awareness among people towards environmental conservation. Picture taken Sept 5,2011. [Photo/Agencies]

13

‘Tiger Moms’ popular in China

Beijing—The strict parenting style advocated by Amy Chua, the Yale law professor, in her latest book, *Battle Hymn of the Tiger Mother*, is still popular in the country today, according to a recent survey.

Among 1,795 people polled online by China Youth Daily's social research center, 94.9 percent said they know women who are strict mothers, and 55.1 percent said they see merit in Chua's parenting.

A majority of the respondents, 63.8 percent, said they are parents themselves, and 41.5 percent said they were born in the 1980s, China Youth Daily reported on Thursday.

A Beijing high school teacher, surnamed Liu, was quoted as saying that his wife had enrolled their daughter in violin and ballet classes at an early age and had resorted to scolding and spanking when the girl refused to go.

The report quoted Liu as saying that Chinese families often contain a strict mother and a gentle father and that discipline and guidance from mothers are essential in putting children on the path to future success.

But 41.2 percent of the respondents said the parenting of Tiger Moms is flawed and another 18 percent said Tiger Moms deprive their children of childhood fun and thus lack motherly qualities.

As for Chinese mothers, about 70 percent of the respondents said they subject their children to expectations that are too high and to unreasonable amounts of stress. They said Chinese mothers worry too much about good grades and not enough about tending to the development of children's personalities, and that they are ignorant of parenting techniques.

Many people born in the 1980s are just having children and have yet to deal with the chief difficulties of parenting. Zeng called on them to learn to be good parents by spending time with their children, instead of relying heavily on the social services provided by restaurants, schools and day-care centers.

"Strict parenting is also a tradition in other Asian countries, such as Japan and South Korea," she said. "It has merits in raising smarter children and preparing them better for harsh competition in the future. And I am sure Chua's conflicts with her daughters were exaggerated in her book."

14

China's Forbidden City Tightens Security

BEIJING—The Beijing-based Palace Museum, better known as the Forbidden City, is upgrading its security system to better protect its relics and visitors.

Once the project is completed, security workers may instantly monitor, via screens, sites where an alarm is triggered and make correct judgment within seconds, said the museum's newly appointed curator, Shan Jixiang.

"The Palace Museum must employ the world's most advanced security facilities and technologies," Shan was quoted as saying in a report posted on the website of China News Service on Wednesday.

In May 2011, several exhibition pieces on loan from a Hong Kong museum were stolen in the palace complex. The suspect, Shi Baikui, said during the trial that the theft was not planned, but happened "on the spur of the moment". According to Shi, he was able to disrupt the alarm systems.

The incident sparked public concern over weaknesses in the Palace Museum's security.

Shan said the museum's management have long been aware that the initial alarm system has grown outdated and commenced a four-year-long upgrading project in November, 2009. By last December, about 60 percent of the total workload had been completed.

Shan also stressed the need for "first-rate management" alongside "first-rate facilities".

He said, "Increased funding is necessary, and so is improved quality of museum staff. We should improve security levels and upgrade security procedures."

In addition, the curator said the work will proceed under the principle of impacting visitors as little as possible.

Former director of the State Administration of Cultural Heritage, Shan, 57, was appointed director of the palace-turned museum in January, succeeding former director Zheng Xinmiao, who held the post from 2002.

15

Why Chinese is ideal for micro-blogging?

CHINESE is ideal for micro-blogs, which typically restrict messages to 140 symbols: most messages do not even reach that limit. Arabic requires a little more space, but written Arabic routinely omits vowels anyway. Arabic tweets mushroomed last year, though thanks to the uprisings across the Middle East rather than to its linguistic properties. It is now the eighth most-used language on Twitter with over 2m public tweets every day. Romance tongues, among others, generally tend to be more verbose, as the chart below shows. So Spanish and Portuguese, the two most frequent European languages in the Twitterverse after English, have tricks to reduce the number of characters. Brazilians use "abs" for abra: os (hugs) and "bjs" for beijos (kisses); Spanish speakers need never use personal pronouns ("I go" is denoted by the verb alone: voy). Some people use English to avoid censorship. Micro-bloggers on Sina Weibo (where messages containing some characters are automatically blocked) wrote "Bo" in the Roman alphabet in order to comment freely about Bo Xilai, a purged party chief.

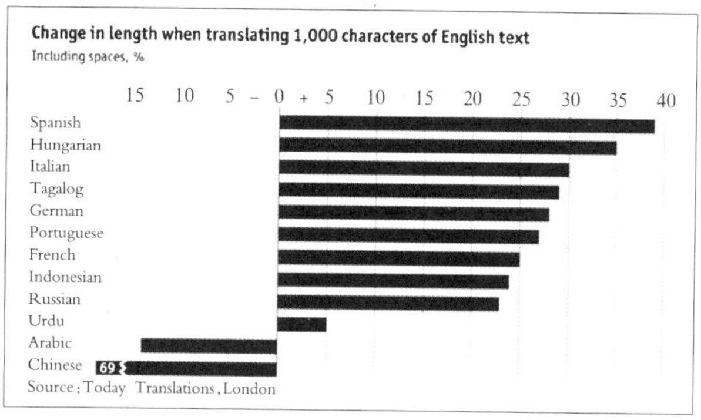

Source: Today Translations, London

16

An Accidental Style

Han Fang's clay creations are the results of serendipity. Zhao Ruixue and Ju Chuanjiang tell us more about this Shandong ceramic sculptor.

The Shandong artist's works are characterized by an exaggerated style which makes his clay characters comic, almost grotesque. For this reason, his works are often described as "caricature-style" clay sculptures. "I was working on the finishing touches to the head of a clay figure. I had almost completed it when it slipped and fell from my hands. It struck the ground and I thought it would be out of shape." Han picked it up, and to his surprise, he saw that the facial features were still intact, but they had become exaggerated–and in a way that he liked very much. It was exactly what he had been looking for.

17

Show Overview

Each season premieres with the audition round, taking place in different cities. The audition episodes typically feature a mix of potential finalists, interesting characters and woefully inadequate contestants. Each successful contestant receives a golden ticket to proceed on to the next round in Hollywood. Based on their performances during the Hollywood round, 24 to 36 contestants are selected by the judges to participate in the semifinals. From the semifinal onwards the contestants perform their songs live, with the judges making their critiques after each performance. The contestants are voted for by the viewing public, and the outcome of the public votes is then revealed in the results show typically on the following night. The results shows feature group performances by the contestants as well as guest performers. The Top-three results show also features the homecoming events for the Top 3 finalists.

18

About Qingming Culture

Tomb Sweeping Day, or Qingming—which falls on April 4 this year—is a national festival stretching back more than 2,500 years for people to honor and remember their deceased loved-ones at cemeteries and memorials. It is not just a day to honor those who have passed away, but also a time to embrace life at the beginning of spring.

A drizzling rain falls like tears on the Mourning Day;
The mourner's heart is breaking on his way.
Where can a wine house be found to drown his sadness?
A cowherd points to Almond Flower (Xing Hua) Village in the distance.
(Can you put it into Chinese?)

19

Chen Kun Appointed as UNICEF Ambassador for China

Chen Kun, one of China's most successful performing artists, was appointed as UNICEF Ambassador for China on April 5th. Chen Kun will use his new role to help UNICEF advocate for the protection of children's rights.

At a ceremony held in the UNICEF China compound, Chen signed his official letter of appointment with Ms Gillian Mellsop, UNICEF Representative to China. Under the agreement he will visit UNICEF and Government of China field projects, learn about the challenges facing children in China's under-developed communities and help to empower the public to play their part in improving the situation of children.

20

Legend of Zhen Huan Sweeps Chinese Mainland

The 76-episode drama series *Legend of Zhen Huan* has had sweeping popularity in the Chinese mainland over the past months, that "a whole town tunes in to watch when it airs on TV", Sina.com reported.

The series is adapted from a novel of the same name by Liu Lianzi, and the story centers on the schemes between Emperor Yongzheng's concubines in the imperial palace during the Qing Dynasty (1644-1911).

The pure and innocent 17-year-old Zhen Huan is chosen for the emperor's harem, and after entering the palace, she finds herself caught in the fierce infighting between the empress and the concubines. Realizing that the palace is actually a cruel and harsh place, Zhen has to learn to survive on her own, sometimes by unscrupulous methods.

With her wits and talents, Zhen fights her way through and wins the emperor's affection, ultimately becoming the most powerful concubine in the imperial palace and ascending to unparalleled glory and wealth. However, she also becomes a woman with few true friends at her side, even after she is rid of all her enemies.

Directed by Zheng Xiaolong and starring Sun Li and Chen Jianbin, *Legend of Zhen Huan* has been praised as one of the best historical dramas in the Chinese mainland in recent years. Through the thrilling story, audiences can also learn about ancient Chinese poetry, wardrobes, court etiquettes, and herbal medicine. The show also features many refined dialogues that become trending quotes among its followers on the internet.

Some viewers have also begun using the story to allude to the present and describe the schemes and trickery between rivals in the palace as "a treasured book for survival in today's professional world". Psychological experts disagreed, saying that violent infighting is not a characteristic in modern workplaces.

21

Many Hands Make Light Work

THERE are over 40 countries in Europe. How can you get to know each of them? Students from Tomah Middle School in the US had a good idea.

Eighth-graders worked together in pairs to make a display about a European country. The display had to show four things for each country: travel, government, economics and geography. Then they put them in the school's gym. They walked around to look at each other's displays.

Maci Betthauser spent two weeks learning about the UK with her partner. She said that they learned a lot and had fun doing this project.

"I had no idea it was a leader in world trade," she told the local newspaper, The Tomah Journal.

Students also learned how to work with others. They thought of ideas, collected information and made boards with their partners.

On that day, the gym was filled with colorful, interesting displays. "They just did a great job," said Becky Brueggen, a teacher of the school.

22

The Bravest Thing

By John Herric

Our homework for this weekend is very unusual. Annie, our English teacher said we have to reflect carefully about the bravest thing we have ever done and tell her on Monday.

I thought about this the whole night, but I still have no idea because I am really a brave boy, and have done a lot of brave things.

When I was four years old, I tried to sleep alone without any night-light. After that, I was not afraid of darkness.

When I was nine years old, I rode on a roller coaster. It was scary and fun at the same time.

When I was eleven years old, my family was having fun at the pool. Suddenly, I heard my little sister calling for help. Instantly, I jumped in to rescue her. I grabbed her and swam out of the water.

But what is the bravest thing I have ever done? I remember when I was telling my whole school at an assembly how great Chinese New Year is. I had to speak into the microphone, dressed in nice clothes. This was tough for me because my legs were shaking and thought I was going to mess up. I was so frightened that I thought about dropping out before I started. But when I got there, I did it. I was so proud of myself! And I think that was the most memorable moment for me. Also, I learned that when you face dangers and difficulties, don't be afraid, cheer up.

23

Weaving the Story of a Wonderful Young Pig

SIXTY years ago, on Oct 15, 1952, Charlotte's Web was published. American writer E. B. White wrote it. It's one of the most popular children's books of all time. Children and adults both love it. Let's learn about the story and meet its characters.

It is bad to kill a newborn animal. But in Mr Arable's farm, death is the fate of a poor baby pig. He is small and weak. Mr Arable thinks he won't survive and wants to kill him out of mercy. But his daughter, Fern Arable, stops her father. She begins to look after the pig and names him Wilbur.

Life is very sweet for Wilbur until the bad news arrives. Wilbur will soon become someone's dinner. With the help of his friend Charlotte the spider, Templeton the rat and other animals, Wilbur gets another chance to live. He also becomes the most famous pig in the village.

The story doesn't end there. Why not read the book yourself? What life lessons you can learn?

1. Wilbur

Wilbur is active and always wants to find out new things. He is also kind and loves life. When he comes to the farm, he feels lonely. Luckily, he meets his new friend: Charlotte.

2. Templeton

Templeton is a tricky rat. He takes some newspaper to Charlotte. Charlotte can write the words on her web according to the newspaper. And Templeton then eats Wilbur's food in return.

3. Charlotte

Charlotte is a grey spider. She is Wilbur's best friend. To help Wilbur, Charlotte writes words like "terrific", "radiant" and "humble" on her web to praise Wilbur.

4. Other animals

There are many other animals living on the farm, like an arrogant lamb, a goose that always sits on her eggs and an old sheep.

Charlotte's Web: the numbers

There are 25 million copies of the book. People translated it into more than 30 languages. The book has two movie versions. One is a 1973 musical animation. The other is a 2006 cartoon movie.

24

A Champion Fighting back

John Thomas was an 18-year-old student,but he had been a famous champion. Everybody at Boston University liked this tall, quiet boy. Once he was hurt, everybody at Boston University was sorry. People all over the country talked about John Thomas and often asked, "Will he ever jump again?"

John's mother went to the hospital to see her son. She looked at his broken leg. Then she looked into his eyes. She knew what her son would do. "You're going to jump again, John, I know it," she said. "Everything will be all right."

If John hoped to jump again, he would have a lot to do. He began at once. Even in his hospital bed John started to exercise. He used a wheel and other metal things. Soon his bed looked like a machine shop!

It was May when John left the hospital. "Is it all right if I go camping this summer?" he asked the doctors.

"Yes," the doctors said. "But take it easy on that foot."

John took only short walks at first. He was taking it easy on his foot. But not on anything else. He went swimming and did other kinds of exercises. He exercised until his body cried for a rest. Some days later, he exercised a little more. In late summer John went back to school. He asked if he could practise with the football team. Football wasn't his favorite, but he had to get that leg strong again! He worked hard. "No one pushed him as hard as he pushed himself," said one of his friends. "To see a champion fighting back is a wonderful thing to watch."

25

Halloween

It's October the 31st, and across Britain and the USA, thousands of children are dressing up as monsters, ghosts and witches and going to their neighbours' houses to ask for sweets or to play tricks on them if they refuse.

Many houses have lanterns made from pumpkins in their windows. These lanterns have frightening faces cut into them.

What is the reason for all of this? It's Halloween! To an outsider, this may seem a strange festival, but it is a very popular one and an important part of the culture in Britain and the USA. But how did it start?

The holiday once had a religious significance. November the 1st is All Saint's Day, and October the 31st was believed to be a day when all the spirits came back to the world of the living. In modern times, this has changed to be a day when children dress up as monsters, ghosts and witches.

Once they are dressed up children go to their neighbours' houses. They knock on the door and shout 'Trick or treat! ' Good neighbours, of course,give 'treats'. These are usually sweets or chocolates.

Bad neighbours, however, may give nothing. If so,then the children play a 'trick' on them. This may be a simple practical joke. However, naughty children may do something worse, like throwing rubbish in the neighbour's garden. Nowadays, of course, most neighbours always give a treat. After all, it's fun for the children.

Another tradition is to make lanterns from pumpkins. First, the inside of the pumpkin is removed. Then, a face is cut into the pumpkin, traditionally a smiling, devil face. Finally, a candle is placed inside, and the lantern is put at the front of the house to keep evil spirits away.

There are many traditional games on Halloween, but the most common is 'apple-bobbing'. It's simple to play. Several apples are put floating in water. Children then have their hands tied behind their backs. They then have to try to pick the apples out of the water using only their mouths. Of course, people get very wet and it is very funny to watch.

26

Culture Shock

Psychologists tell us that there are four basic stages that human beings pass through when they enter and live in a new culture. This process, which helps us to deal with culture shock, is the way our brain and our personality react to the strange new things we encounter when we move from one culture to another.

Culture begins with the "honeymoon stage". This is the period of time when we first arrive in which everything about the new culture is strange and exciting. We may be suffering from "jet lag" but we are thrilled to be in the new environment, seeing new sights, hearing new sounds and language, eating new kinds of food. This stage can last for quite a long time because we feel we are involved in some kind of great adventure.

Unfortunately, the second stage can be more difficult. After we have settled down into our new life, we can become very tired and begin to miss our homeland and our family, friends, pets. All the little problems in life seem to be much bigger and more disturbing when you face them in a foreign culture. This period of cultural adjustment can be very difficult and lead to pulling away from the new culture.

The third stage is called the "adjustment stage". This is when you begin to realize that things are not so bad in the host culture. Your sense of humor usually becomes stronger and you realize that you are becoming stronger by learning to take care of yourself in the new place. Things are still difficult, but you are now a survivor!

The fourth stage can be called "at ease at last". Now you feel quite comfortable in your new surroundings. You can deal with most problems. You may still have problems with the language, but you know you are strong enough to deal with them.

There is a fifth stage of culture shock which many people don't know about. This is called "reverse (反向) culture shock". Surprisingly, this happens when you go back to your native culture and find that you have changed and that things there have changed while you have been away. Now you feel a little uncomfortable back home. Life is a struggle!

27

Happy Children's Day

The World Conference for the Well-being of Children in Geneva, Switzerland proclaimed June 1 to be International Children's Day in 1925. It is not clear as to why June 1 was chosen as the International Children's Day: one theory has it that the Chinese consul-general in San Francisco (USA) gathered a number of Chinese orphans to celebrate the Dragon Boat Festival in 1925, which happened to be on June 1 that year, and also coincided with the conference in Geneva.

The holiday is celebrated on 1 June each year. It is usually marked with speeches on children's rights and wellbeing, children TV programs, parties, various actions involving or dedicated to children, families going out, etc.

28

Life Is Like Four Seasons

Life is like the four seasons. Now I am very old, but when I am young, it is the spring of my life. I am born, I play a lot,and then I start school. I learn many new things. Like a flower, I grow bigger every day. There are happy days and sorrowful days: some days the sun shines, and some days it doesn't.

In my twenties, I have a good job. I am strong and happy. Then I marry and have a child. In these days, I don't have much time to think. Every day I am busy and work very hard. And so, I start to get some white hair. The summer of my life passes quickly.

Then the days get shorter. Leaves fall from the trees. My child is a university student, and then an engineer. My home is much quieter. I start walking more slowly. One day I stop working. I have more time. I understand this is my autumn, a beautiful time when the trees change colour and give us delicious fruits.

But the days keep getting shorter and colder. Winter has come. I am older and weaker. I know I do not have many days left, but I will enjoy them to the end.

29

Interview with God

"Come in," God said to me, "so, you would like to interview Me?"

"If you have the time," I said.

He smiled through His beard and said: "My time is called eternity and is enough to do everything; what questions do you have in mind to ask me?"

"None that are new to you. What's the one thing that surprises you most about mankind?"

He answered: "That they get bored of being children, are in a rush to grow up, and then long to be children again. That they lose their health to make money and then lose their money to restore their health. That by thinking anxiously about the future, they forget the present, such that they live neither for the present nor the future. That they live as if they will never die, and they die as if they never had never lived..."

His hands took mine and we were silent. After a long period, I said, "May I ask you another question?"

He replied with a smile.

"As a Father, what would you ask your children to do for the new year?"

"To learn that they cannot make anyone love them. What they can do is to let themselves be loved.

To learn that it takes years to build trust, and a few seconds to destroy it.

To learn that what is most valuable is not what they have in their lives, but who they have in their lives.

To learn that it is not good to compare themselves to others. There will be others better or worse than they are.

To learn that a rich person is not one who has the most, but is one who needs the least.

To learn that they should control their attitudes, otherwise their attitudes will control them.

To learn that it only takes a few seconds to open profound wounds in persons we love, and that it takes many years to heal them.

To learn to forgive by practicing forgiveness.

To learn that there are persons that love them dearly, but simply do not know how to show their feelings.

To learn that money can buy everything but happiness.

To learn that while at times they may be entitled to be upset, that does not give them the right to upset those around them.

To learn that great dreams do not require great wings, but a landing gear to achieve.

To learn that true friends are scarce, he / she who has found one has found a true treasure.

To learn that they are masters of what they keep to themselves and slaves of what they say.

To learn that they shall reap what they plant; if they plant gossip they will harvest intrigues, if they plant love they will harvest happiness.

To learn that true happiness is not to achieve their goals but to learn to be satisfied with what they already achieved.

To learn that happiness is a decision. They decide to be happy with what they are and have, or die from envy and jealousy of what they lack.

To learn that two people can look at the same thing and see something totally different.

To learn that those who are honest with themselves without considering the consequences go far in life.

To learn that even though they may think they have nothing to give, when a friend cries with them, they find the strength to appease the pain.

To learn that by trying to hold on to love ones, they very quickly push them away; and by letting go of those they love, they will be side by side forever.

30

We Are What We Eat

Sometimes, people are not clear about what kind of food is healthy, and what kind of food may do harm to our health. The USDA has prepared a food guide to help people learn about which kind of food is the healthiest to eat. The food guide describes six main food groups: meat (like fish and chicken), dairy (like milk and cheese), grains (like bread and rice), fruit, and vegetables. The last group is fats and sweets. The USDA also suggests how much of each food group is healthy to eat daily. Though this guide was prepared by the US government, it is very useful for people all over the world.

As a result of years of study, we know that too much animal fat is bad for our health. For example, Americans eat a lot of meat and only a small amount of grains, fruit and vegetables. Because of the way they eat, they have a high rate of cancer and heart disease. In Japan, people eat large amounts of grains and very little meat. The Japanese also have a very low rate of cancer and heart disease. The Japanese live longer than anyone else in the world. However, when Japanese people move to the US, the rate of heart disease and cancer goes up as their eating habit changes. And as hamburgers, ice creams and other high-fat foods become popular in Japan, the rate of heart disease and cancer is going up there as well. People are also eating more meat and dairy food in other countries, in which the disease rate is going up along with the change of the way people eat. Doctors everywhere suggest people eat more grains, fruit and vegetables and less meat and dairy food.

Eating healthily is important for children as well as their parents. When parents have poor eating habits, their children usually do, too. After all, children eat the same way as their parents. When parents eat healthy food, the children will learn to enjoy it, too. Then they will develop good eating habits. Doctors suggest parents give their children healthier food such as fruit, vegetables and juice.

Everyone wants to live a long, healthy life. We know that the food we eat affects us in different ways. For example, doctors believe that fruit and vegetables can really protect people from many different diseases. On the other hand, animal fat can cause diseases. We can change our eating habits now and enjoy many years of healthy living.

31

Musicals

West End musicals are always a big attraction to foreign tourists as well as British people from all parts of the UK. We all know that London is a great city for musicals and in the West End alone there are more than 150 theatres.

Famous musicals such as Cats, Les Miserables, The Phantom of the Opera and Mama Mia have been running for years and years, in some cases, decades.

A lot of people keep going back to see the same musicals again and again. So why are these shows so popular in Britain?

Catherine from Newcastle thinks one of the reasons why musicals are so popular and they endure for years and years is because people grew up with them. So, for example, when I was a child we used to watch a musical called The Sound of Music. It's a very famous musical and we watched that every year as children on TV. Now we want our own children to watch this musical, so it's kind of like a tradition and when people grew up with something they don't want to lose it. That's why musicals such as The Sound of Music are popular and why they endure for years and years.

32

Music Manners

You probably know you should say "please" and "thank you" at restaurants. You probably know the rules of a library. You know you should respect and be nice to your classmates. But do you have music manners?

Keep It Down! You have to notice the volume of your music. You should not play your music so loud that everyone around you can hear it. Some people might even get angry. Usually, when you play the music loud on an MP3 player,other people can't hear the words of the song. They just hear a loud sound. No one wants to listen to this. Very loud music can also be bad for your ears, so even if you are alone when listening to our MP3 player, you shouldn't have it turned up too high.

Take Them off! You need to know when to turn your MP3 player off and put it away. Libraries and schools don't allow MP3 players. There are other places, like museums, that don't have rules, but it would be rude to have your MP3 player on. Sometimes, it just doesn't make sense to listen to your MP3 player at event. Why would you listen to music at a play, a movie or a sporting event? Your would miss what is going on and others would wonder why you even came.

Take One Out! Once in a while it's okay just to take out one earphone and not other. Imagine you are listening to your MP3 player when someone asks you the way. It would not be rude to take out one earphone, tell him the way, and put back the earphone and continue listening. You can also do this when you order food at a fast-food restaurant or when you answer the telephone and it's not for you.

It's Your Choice! There are times when you need to decide what is best. For example, some people can listen to music on their MP3 Players when read books, while others think it is disturbing. In cases like this, you need to do what seems right for you.

33

A Letter to My Daughters

Dear Malia and Sasha,

I know that you've both had a lot of fun these last two years on the campaign trail,

going to picnics and parades and state fairs, eating all sorts of junk food your mother and I probably shouldn't have let you have. But I also know that it hasn't always been easy for you and Mom,and that as excited as you both are about that new puppy,it doesn't make up for all the time we've been apart. I know how much I've missed these past two years, and today I want to tell you a little more about why I decided to take our family on this journey.

When I was a young man,I thought life was all about me–about how I'd make my way in the world,become successful, and get the things I want. But then the two of you came into my world with all your curiosity and mischief and those smiles that never fail to fill my heart and light up my day. And suddenly, all my big plans for myself didn't seem so important anymore. I soon found that the greatest joy in my life was the joy I saw in yours. And I realized that my own life wouldn't count for much unless I was able to ensure that you had every opportunity for happiness and fulfillment in yours. In the end, girls, that's why I ran for President: because of what I want for you and for every child in this nation.

I want all our children to go to schools worthy of their potential–schools that challenge them, inspire them, and instill in them a sense of wonder about the world around them. I want them to have the chance to go to college–even if their parents aren't rich. And I want them to get good jobs: jobs that pay well and give them benefits like health care, jobs that let them spend time with their own kids and retire with dignity.

I want us to push the boundaries of discovery so that you'll live to see new technologies and inventions that improve our lives and make our planet cleaner and safer. And I want us to push our own human boundaries to reach beyond the divides of race and region, gender and religion that keep us from seeing the best in each other.

Sometimes we have to send our young men and women into war and other dangerous situations to protect our country–but when we do, I want to make sure that it is only for a very good reason, that we try our best to settle our differences with others peacefully, and that we do everything possible to keep our servicemen and women safe. And I want every child to understand that the blessings these brave Americans fight for are not free–that with the great privilege of being a citizen of this nation comes great responsibility.

That was the lesson your grandmother tried to teach me when I was your age, reading me the opening lines of the Declaration of Independence and telling me about the men and women who marched for equality because they believed those words put to paper two centuries ago should mean something.

She helped me understand that America is great not because it is perfect but because it can always be made better-and that the unfinished work of perfecting our union falls to each of us. It's a charge we pass on to our children, coming closer with each new generation to what we know America should be.

I hope both of you will take up that work,righting the wrongs that you see and working to give others the chances you've had. Not just because you have an obligation to give something back to this country that has given our family so much-although you do have that obligation. But because you have an obligation to yourself. Because it is only when you hitch your wagon to something larger than yourself that you will realize your true potential.

These are the things I want for you-to grow up in a world with no limits on your dreams and no achievements beyond your reach, and to grow into compassionate, committed women who will help build that world. And I want every child to have the same chances to learn and dream and grow and thrive that you girls have. That's why I've taken our family on this great adventure.

I am so proud of both of you. I love you more than you can ever know. And I am grateful every day for your patience, poise, grace, and humor as we prepare to start our new life together in the White House.

Love, Dad

34

Cultural Differences

In many aspects of our life, we often divide the world into two parts: the eastern one and the western one. The former usually refers to Asia and the latter includes mainly Europe, North Africa and America. We divide like this not only because of the geographical location differences, but also due to the cultural differences to a large extent. In the follow ing parts, you'll see such differences, from the causes to the customs of the two sides nowadays.

Part I What leads to the cultural difference?

The cultures of the East and the West really distinguish each other a lot. This is because the culture systems are two separate systems on the whole.

The origin of the eastern cultures is mainly from two countries: China and India. Both of the two cultures are gestated by rivers. In China, the mother river is the Yellow River while the Indian one is the Hindu River. These two cultures were developed for several thousand years and formed their own styles. Then in Dang Dynasty of China, the Chinese culture gradually went overseas to Japan, mixed into the Japanese society and shaped the Japanese culture nowadays. Though a bit different from the Chinese one, it belongs to the same system.

When the two mother rivers gave birth to the eastern culture, another famous culture was brought up on the Mesopotamian Plain—the Mesopotamian Civilization. This civilization later on developed into the cultures of the Ancient Greece and Ancient Rome. And these two are well-known as the base of the European culture. Like the Chinese culture, the European one also crossed waters. When the colonists of England settled down in America, their culture went with them over the Atlantic Ocean. So the American culture doesn't distinguish from the European one a lot.

At the same time, the difference of the language systems adds to the cultural differences. In the East, most languages belong to the pictographic language (see the picture below) while the Western languages are mostly based on the Latin system, for example, the one I'm using to write this paper.

Other factors like human race difference counts as well. But what's more, due to the far distance and the steep areas between the East and West, the two cultures seldom communicate until recent centuries. So they grew up totally in their own ways with almost no interference from the other.

Part II How differently do people behave in daily life?

The differences are everywhere. They affect people's ways of thinking and their views of the world. Even in everyday life, the cultural differences show up from the moment the eyes are opened to the minute the dreams are invited.

In the following, I'll give some typical example of the differences.

Section 1: Greeting

Greeting is the first step to form a culture, because people begin to communicate with others. The individuals become a community.

How do we Chinese greet each other? Informally, if we meet an friend in the street, we are used to say: "Hi, have you had your meal? " or "Where are you going? ". When it is the case of two gentlemen, they tend to shake hands.

However, in the western countries, the above questions are just questions, not greeting at all. They may think you're inviting them to dinner if you ask about their meals. Usually, they'll just give each other a smile or greet with a "Hi". They'll shake hands only in some formal situations. By the way, Westerners can leave a party or meeting halls without a formal conge, nor should they shake hands with every attendee like most of us will do here.

Section 2: Expressing gratitude

Think of the situations below. Your mother is busy in the kitchen. She suddenly asks you to fetch a bowl for her. You do so. What'll your mother's response be? Probably she'll just continue doing the cooking. After a while, the dinner is ready. Your mother hands you your bowl of rice. What's your response? Probably just begin to eat.

That's what I want to say. In Chinese families, we rarely say "Thank you" to other family members for receiving help or service. Neither will we say so between good friends. It's such an unpopular response that if you say it, the counterpart will think you are treating him as a stranger, otherwise you are lacking of intimacy.

But in the West, "thank you" is one of the most frequently used sentences. Teachers will thank a student for answering a question; husbands will thank his wife for making a coffee.

However, as an interesting phenomenon, it's a custom to say "thank you" in Japan. No matter in family or among friends, Japanese chronically use it all the day. This is probably the aberrance of the culture.

Section 3: Dining

The ways people eat, that is, the table manner, really distinguish a lot. The reason for this is probably because of the different dining tools and menus.

Easterners use chopsticks, or sometimes even grasp rice straightly with hands as Indians do. The thin and long chopsticks cannot be used to cut food, so we usually use our teeth to act as knives. We hold our food, meat or vegetable, with the chopsticks, send them to the mouths, bite off a part of it and remain the other part on the chopsticks. That's the usual way we eat. We are also used to hold up our bowls when having rice or soup. Japanese hold bowls to have miso soup without spoons. But all these habits are considered rude in the Western countries.

The etiquette in the West requests that when eating, bowls and plates cannot leave the tables. Food should be cut by knives to fit into the mouths. Of course your mouth cannot touch the plates or bowls. So the regular process is like this. You cut your steak on the plate with fork and knife, send the meat cube into the mouth with fork and nothing will be returned back but the fork alone.

Section 4: Symbolizing

Symbolization is how people imagine or regard something. It actually reflects the way people think. Here I'll only discuss some symbolization that frequently appears in daily life.

First is about the colors. We often give each color some meanings, because we feel differently when facing different colors. So people always have preference when choosing colors of clothes, decorations, etc. In the APEC summit held in Shanghai several years ago, in the last day, the presidents from all over the world wore the traditional Chinese Dang suits and took a photo together. The colors of the suits were chosen by themselves freely. However, it's quite interesting to find that most Easterners chose red while most of the westerners preferred blue. To explain this, it's easy to realize that what red means is almost opposite in the East and the West. Red means luck, fortune here. We Chinese often use this color to decorate in festivals, such as red lanterns,r ed Chinese nodes, red bangers. But red stands for blood, revolutions in the West. So the presidents avoided wearing this unlucky color.

Another interesting discovery is about the dragons. In the East, dragons are imagined as something like snake and are flowing in the sky for most of the time. The dragon is said to have the face of the horse, the horns of the deer, the ears of the ox, the body of the snake, the claws of the eagle and squama of the fish. We regard dragon as God and say that we Chinese are the offspring of the dragon. The God of Dragons of the four seas can charge the rainfalls, so we sometimes also call them the God of the water or rain. But in the West, people think dragons as dinosaurs, which can stand on the ground with feet and fly with huge wings. They lay eggs just like dinosaurs. The dragons of the West have the ability to erupt fire, instead of water. The fire can destroy everything so the dragons are not welcomed at all. They even become the symbol of the Devil.

Part III What can we do to treat the culture gap?

Now we have seen that there exists such a huge gap between eastern culture and western one. Then what should we do to face this gap in the gradually globalizing world?

Firstly, we cannot deny any of the cultures. Every nation has its own characteristics and it's mainly through its culture that we first begin to know the nation and its characteristics. So we cannot say that this culture or custom is right and that is wrong. Equal respect should be attached to every culture in the world, even to those that are not in existence any more.

Next, we should get to learn how to coordinate the different cultures. We say the world is becoming smaller and smaller. More foreigners come and go everyday. When it is in the same country, the same city, the same neighborhood, the cultural collision is expected to be more serious. So we should try to avoid this happening. One important thing is to get some basic knowledge about the other cultures so as not to misunderstand some actions or habits of the foreigners.

When the above two is done, we can start to communicate. I mean we can take in some strong points from the foreign cultures. Though there doesn't exist correctness in terms of culture, it does have the terms of more advanced or more suitable for the world nowadays. Of course, we cannot throw away our own culture and accept another one totally. Every culture is a treasure to the history of the Earth, so we should only pick out those we lack to perfect our own.

Different cultures add the most colorful element to the world of 21st century. The cultural gap should not be the obstacle to the civilization of human being. It ought to be the motivation of our going farther.

第三部分　校本课程教学设计

第十一章　阅读教学设计案例精选

教学设计一　6-③ Princess Pip's Holiday

Author: Sally Prue

Synopsis: Princess Pip goes on holiday with her parents and finds it all very boring. Then Daisy, the servant girl, helps Pip to discover that the seaside is far from dull.

Period 1

I. Before you read

1. Brainstorm

In about three weeks, our winter holiday is coming. What do you think of when you hear the word "holiday"? Why do people need holidays?

2. Group competition

T shows leaders around the world on vacation and Ss guess which country he / she is from. They will get extra scores if they can tell their names. (Mao Zedong, Putin, Gordon Brown, Angela Merkel, Barack Obama (seaside, build a sandcastle)—Everybody needs holidays.

3. Royal family

T shows Queen Elizabeth II on train for vacation on December 20, 2009. Ss tell who she is. Sometimes she takes a coach. Where is the royal family's favorite place to spend their holiday? (Windsor Castle, Famous castles: Leeds, Edinburgh, Stirling)

4. Predict

(1)Notice the information: Ss look at the cover of the book. Who? (Princess Pip, the King, the Queen, the author—Sally Prue) What? (suitcases, bags, crowns, hat—What for, tags—What information?)Where? (Tag: Seaside Castle)

(2)Predict: Ss predict the story in sentences.

II. While you read

Ss read and get a general idea of the story setting: What does Princess Pip say before she leaves home? What does she say before she leaves the seaside?

Strategies: Ss use the strategies they learned previously.

III. After you read

Strategies: Check the strategies you used while reading. Ss give examples.

Compare: What does Princess Pip say before she leaves home? ("It's going to be BORING! ")What does she say before she leaves the seaside? ("I don't want to go home! ") What happened in between? (An very important person—Daisy)

Period 2

I. From BORING to FUN

1. Before they arrived

Why did Princess Pip think "This holiday is going to be BORING"? (She couldn't take her two friends with her. Dobbin the pony,Amanda and Bert the pet snakes.) What did she do to show she was not happy? (She folded her arms and didn't want to wave to all the people.) Her parents: happy and busy. (The King polishing his money, the Queen choosing sun hats; maids running around with piles of vests.)

2. After they arrived

What did Princess Pip say about her holiday? What was she not happy about?

"Just like home. It's BORING! " —Where to live? (in a castle)

"That's just like home! " —Where to sleep? (in a four-poster bed)

"This is BORING." —What to eat? (banquet)

"I WANT TO GO HOME! —What to do? (nothing, walking round the castle walls)

"But it's BORING! " "I WANT TO GO HOME! "

Her parents: enjoyed the holiday. Ss find out the words and sentences to show that the King and the Queen enjoyed their holiday. ("said the King happily", "asked the King happily", "Nonsense, dear. It can't be boring. We're on holiday! ", "But we're having a wonderful time", "Just look at the way my money shines in the sun. Wonderful! "

T's Q: Why could the King and the Queen enjoy their holiday in the castle but Princess Pip couldn't? What kind of holiday does Princess Pip like? —Parents and children often don't like the same thing.

3. VIP worked

Daisy the maid. What does a maid usually do? (look after her master) What did she say when Princess Pip wanted to leave the seaside? ("If you stayed here a bit longer, you might start liking the seaside.")Why did she say so? Did Princess Pip understand and listen to her? What was she doing? ("putting all her important things in her suitcase"; the suitcase was full.) Daisy again—"I think we'll have to take some things out." Why? (not too heavy, like going hiking)

4. On their way for FUN

Who was the leader? (Daisy) Ss find the sentences to show that Daisy is the leader on their fun trip. Daisy's suggestions—What they did—Princess Pip's comments:

(1)"Let's have a nice, cool snack."—They got some fish sticks from a stall. —"These aren't bad,"admitted Princess Pip.

(2) "I'll show you where the fish come from, if you like." "You should take your stockings off and use them for nets."—They went to the pools to catch fish. Princess Pip took off her stockings, her coat and even her crown. —"It's not too bad here. I want to stay here all the time."

(3)"Let's build a sandcastle." —They built a huge house, with a moat all around. But the sea had washed their house FLAT. —"Stupid sea! Stupid seaside! I want to go home!"

(4)"Why don't you ride one of the horses on that merry-go-round?"—They rode on the merry-go-round. —"But we're still here! I want to go home!"

(5)Everything is fun here because it's a FUN-FAIR. I'll show you." —They went down the roller coaster. —"Let's go on it again. But I want..."

5. The King and the Queen joined them

What did Princess Pip think of the seaside now?("I've found a place where the ground is made of gold!")What did the King and the Queen think of the beach? ("Good heavens! How wonderful! It's just the color of money." "What a perfect place for my sun chair.") Which was more fun to them, in the castle or on the beach?

II. All good things come to an end

Princess Pip is going to write about her trip to the seaside in her diary.

教学设计二 6-④ Oh,Otto!

Author: Michaela Morgan

Synopsis: Class 4 has a new boy called Otto. He comes from outer space and he is green! Otto speaks English but takes every word literally, which causes some misunderstandings.

Period 1

Based on the first reading Ss did on the weekend. Ss learn to raise Qs.

I. Lead-in: Involving Ss' experiences

1. When a new boy/girl joins in

One day, T comes into the classroom with a"new boy / girl"(acted by a boy / girl from the class).

(1)Brainstorm: Ss raise Qs they want to ask about the new boy/girl. (What's his/her name? Where is he / she from? How old is he / she? etc.) T takes them down on BB.

(2)Ss put themselves in the place of the new student. How do you feel when you come into a new class?

(3)Brainstorm: Group-work. What problems might he / she have in the new class? How can T and the class help the new student become a part of the class ASAP? What can the new student himself / herself do to become a part of the class ASAP?

2. An expected boy

There are more girls than boys in our class, so there will be a new boy coming to our class. What kind of boy do you hope he is? Describe your hope and tell why.

II. Meeting the new boy Otto

(Resource strategy: Make full use of the cover before reading the story.)

Ss look at the cover and recall predictions they made before they read the story.

What / Who is "Otto"? What's special about him? (He is a different color—green.)

Why is he so special? (Ss brainstorm guesses.)He is from outer space. —a fantasy story.

T: Now that you know he is from outer space, do you have more Qs to ask about him? T encourages Ss to raise more Qs about this special new boy. T adds to the list on BB. (eg. Which planet is he from? Where are his parents? How did he come to the earth? Why does he come to the earth? Does he have any special skills? etc.)

What tones shall we use to read the title "Oh, Otto! "? (Ss try reading with excitement, in surprise, crossly, etc.—This Q will echo with Ss' understanding of the story.)

T:We need to go further into the story to find out more about Otto.

III. While you read for the second time

Ss try to find out answers to some Qs raised above.

Strategies: Ss recall the strategies they used in the first reading and try some new strategies.

IV. After you read

Strategies: Check the strategies you used while reading. Ss give examples.

General comprehension: ①Ss answer some of the Qs raised above. (name, age, where from, problems—misunderstanding and Charlie doesn't like him, help—Miss Underwood and Jo, etc.) The rest Qs are for Ss to think about as homework. (his family, the planet he lived on, his feelings about coming to an earth school, why come to earth, skills, etc.) ②Decide the tone we should use to read the title. When is it said in the story? (It is always said when Otto misunderstands some expressions.) Ss need to find the examples as homework.

Key words on BB: Your Qs, Feelings, Problems, Help

HW:

1. Read the story carefully. Find out details about the problems Otto met and help he got in the new school.

2. Imagine you are Otto. Each member of the group takes one task: ①Introduce yourself, including your special skills. ②Introduce your family. ③Tell us about the planet you lived on. You may create one by yourself. ④Tell why you moved to the earth and describe your feelings about being in an earth school.

3. Find out the examples of his misunderstanding the idioms. Try to give more examples that may cause misunderstanding.

4. Find out words for speaking and add them to the old list.

Period 2

I. An interview with Otto

Groups gather their imagination about Otto.(①Introduce yourself, including your special skills. ②Introduce your family. ③Tell us about the planet you lived on. You may create one by yourself. ④Tell why you moved to the earth and describe your feelings about being in an earth school.) The whole class takes the role as Otto while T the interviewer. Since there are 5 groups, Ss' versions of Otto may vary.

II. Interviewe continued

1. It's not easy being new in the school. What problems did you meet in the school?

(1)Misunderstand other people

① "our new boy"—"I'm not new. I'm seven and a half."

② "give him a hand"—"I don't need a hand. I've got two hands already. Look!"

③ "Just sit down and be a dear."—"I don't think I can be a deer... but I can quack like a duck."

④ "work in a pair"—"Work in a pear? How? It will have to be a big pear. Not too juicy. We could all get sticky."

⑤ "You and Josh seem to have lost your head,today!"—"Shall I look for their heads, Miss? I'm good at finding things!" When this happens,what do people say? ("Oh,Otto!"—Now Ss can decide the tone they need to use while saying this.)

(2)Some students don't like me

Charlie. Did Charlie not like you at first sight? (No. When Otto quacked like a duck, Charlie joined in.)→When did he start to dislike you? (We both quacked like a duck. Miss Underwood smiled at me but she frowned at Charlie and criticized him.—Turning point: "It's not fair! I get into trouble and that new boy doesn't!")→T to all Ss: Did you have this kind of experiences before? You are angry with a person, not really because you do not like him, but because other people are kinder or better to him / her than to you and you think it's unfair. Do you think Miss Underwood can do better? How? →Are there any other reasons why he does not like you? (paints falling on Charlie)→What did he do to show he doesn't like you? (scare Otto by telling him about the bear; He stuck out his foot and tripped Otto up.)→T to all Ss: If you don't like someone around you, will you play any nasty tricks like this? →T to "Otto": When Charlie did this to you, how did you feel? How do you get on with each other now?

2. Still, there's a lot of fun in the school

(1)There are always kind people around. How did they help you when you needed help?

Miss Underwood: ①She looked at Jo and added, "I want you to take care of our new boy and give him a hand if he needs it." ②"Oh, Otto! " Miss Underwood smiled, "Just sit down and be a dear." ③Miss Underwood smiled at Otto. "No quacking in class! " she said. ④"I want you work in a pair with Otto," she said to Jo.

Jo: ①"Oh,Otto! You don't understand anything! "—But she wasn't laughing at Otto. ② Jo helped Otto up. ... Jo sighed, "Now we're going to be last. "—But she didn't blame it on Otto. ③"Jo told me you were making up that story to scare me."

(2)Treasure Hunt

Was it the first time that the class had a Treasure Hunt? How do you know that? (P17: "But when Miss Underwood hid the treasure LAST TIME, it was in the playground.")→T to "Otto": Now you have played this game. Can you tell us how to play Treasure Hunt? What do we need? (treasure, clues) How to play? (follow the clues, usually a rhyming riddle, a cryptogram or Zoomed in Photo clues-eg. a slide, and then find the treasure) →What is the treasure this time and what are the clues? (a box of golden coins—chocolate money, 2 clues) →Why did you and Jo find the treasure but other children didn't? (echo with "I'm good at finding things! ")

Famous quote from Forrest Gump: "Life is like a box of chocolates. You never know what you're gonna get."

III. Share opinions

Ss share opinions on characters. Will Otto go back to his own planet some day? Ss vote for going back or staying.

IV. Writing

A Letter to My Friends on the Earth. Otto had to go back to his own planet. He enjoyed the days on the earth so much that he really didn't want to go back home. He wrote a letter to his friends on the earth, recalling the memorable days in the earth school.

教学设计三 6-⑩ Jellyfish Shoes

Author: Susan Gates

Synopsis: Laura is very proud of her new pink jelly shoes, until her brother tells her the shoes are made from jellyfish. However, when she looks more closely at other jellyfish, she changes her mind.

Period 1

Based on the reading Ss did on the weekend.

I. Lead-in

Activate Ss' experiences and knowledge of living at the seaside.

Where does the story happen? (At the seaside.) Ningbo is a city near the sea, but the seaside is till very far away.

Brainstorm: If you live at the seaside, what would you most like to do? (T: I will take a walk along the beach after dinner every day. Take off the shoes and walk in my bare feet. See the tide come in and go out.) What might be under my feet? (foot prints—tracks in the sand, sea shells, small crabs, etc. Squidge. I might tread in something slippery—jellyfish.)

II. Jellyfish and jelly shoes (Chapter 1)

1. Jellyfish

(1)Jellyfish in the sea

grow in different colors, see-through, like mushrooms, parachutes and umbrellas, beautiful, like dancing.

(2)Jellyfish on the beach

wash them up on the beach, get splatted on the sand, be dried up, die. (Where do they belong? They belong to the sea.)

(3)How does Laura like them? (Doesn't like them: Ughhh, mess, cow-pat, Yuk, phew, pong(pongy), hate, spoil my new jelly shoes)

2. Jelly shoes

What are they like? (pink and see-through like raspberry, with some stars on the sole) How does Laura like her jelly shoes? (proud of them)

3. Laura's possible responses to

(1)"Look, Laura! The jellyfish are pink and see-through. Your jelly shoes are pink and see-through, too." (fact)

(2)"Laura, maybe your jelly shoes are made of jellyfish." (guess)

(3)"I don't know why you hate jellyfish. What do you think your new shoes are made of?" (question, but very certain: Everybody knows that. How can you not know that? —Scott is very good at telling stories.)

Laura's response: doesn't want to believe it but starts to believe it. Evidence: "'Don't be silly! ' she told Scott. But her voice was shaky."

III. The story about "jellyfish shoes" (Chapter 2+3)

1. The story

(1)Who? (Scott, who is good at telling stories)

(2)What? (jelly workers, bin bags, shovel,Jelly Shoe Factory)

(3)Why? (Play a trick? Make Laura like jellyfish?)

2. Ss work as the good story-teller Scott and tell their partner the story, making it sound real.

3. Laura's responses

tore them off, threw them into the sea →had a bad dream: crept, bent down, shoveled up, flies buzzing all around. →pushed the shoes away when Mum found them back and shouted at Mum. —She believed the story.

4. How do the others feel

(1)Mum: feel strange.

(2)Scott: feel a little guilty.

(3)Jelly shoes: happy→sad, lonely, upset. Why? If they could talk, what would they say to Laura and Scott? Ss work in groups and make a monologue for Laura's jelly shoes.

(Will Laura change her ideas about jellyfish and jelly shoes? Something might change. Something will never change.)

Period 2

I. What the jelly(fish) shoes want to say

"Dear Laura and Scott". If Laura hears that, will she believe Scott's story any more? If Scott hears that, how will he feel? (more guilty)

II. Laura's opinions towards jellyfish

1. The first impression

mess, cow-pat, pong, sting. —"Hate"

2. The second time she saw jellyfish

Baby jellyfish: tiny frilly parachutes, pink and brown and purple, hundreds of them, sparkle like jewels.) How did she like them? ("They are beautiful! "→ "I hate jellyfish! They pong. They sting you. They get made into jellyfish shoes." →"Poor babies."——Mixture: like, hate, sympathize with them, still believe the story.

3. Laura's decision

Save them. Why did she change her mind? (like, sympathy, hope they won't be made into jellyfish shoes.)→How did they save the baby jellyfish? (Great effort: grabbed a bucket, scooped them up in buckets, ran / dashed to the rock pool, tipped them into the rock pool, ran back and back again)→Jellyfish saved.

4. Laura's opinion

I like jellyfish now.' 'They are beautiful, aren't they? I'm really glad we saved them... They won't be made into jellyfish shoes.'—She still believed the story.

5. Scott tells the truth

(very guilty) no jelly workers, no jelly shoe factory, no jellyfish shoes. —She still believed the story. →Decision: Let them go. (thought for a minute, waved good-bye a little sadly, smiling a secret smile) She believed they belonged to the sea, with whales, dolphins, octopuses, jellyfish brothers or sponges!

(Some memories, especially scary ones, cannot be easily deleted.)

教学设计四 7-② Coming Clean

Author: Nick Warburton

Synopsis: Derek makes a mistake and Janey tries to help him put things right.

Period 1

I. Lead-in

1. The title

'Coming Clean' (Pun: the trousers, Janey and Derek). Did they finally come clean?

2. Share experiences

The story begins with gossiping. What kind of gossip often goes on among the students? Do you talk about T's dressing?

II. Contrast: Mr. Such's old trousers and new suit

1. Mr. Such's old trousers

Comments from Janey and Derek: 'crumpled and baggy, grubby and thick, like a pair of old dish-cloths, wears them all the time, don't think he's got any others.' →Nickname: 'Old Baggy-Pants'; Wish: 'I wish he'd get some new ones.' —Why did Janey have such a wish? Is T's dressing so important to Ss?

2. Mr. Such's new suit: cause a stir

(1) Everyone was shocked

'Janey's mouth fell open and Derek could see the mashed up jam roly poly inside... Janey blinked and pointed. (She couldn't even say a word.)... Everyone in the hall stopped eating and stared at him.'

Mr. Such was shy: 'a bit red in the face. Carry on eating.'

(2) Ss' comments

'Wow! He looks so different.' 'He looks smart. And about time, too.' 'I like the suit, sir.' —Do you share your opinions with Ts about their dressing or their personal things?

(3) Mrs. Venn was shocked

gave a little jump, cried, custard looped into the air. →False alarm: Derek saved Mr. Such's suit. How did he save the suit? (saw it coming, stepped smartly in the way) How did he feel? (sad and stunned, tried to smile but couldn't) —It was not fun, but why did Derek take action to save Mr. Such's new suit without hesitation?

III. Real disasters

1. Disasters on the trousers

(1)Getting started

Derek rubbed his hands on the 'towel'. →green paint on the trousers

(2) Trying to clean it up

①P13: Janey grabbed some paper and rubbed at the green marks. →twice as big

②P16: Derek washed it with 'washing-up liquid'(glue). →dirtier

③P19-20: They threw the trousers in the kitchen sink... They scrubbed them... They squirted...→didn't work

④P21: They bashed them on the path. →picked up more dirt and began to shrink

⑤P22: They "took" the trousers to the dry-cleaners. →left on the bus and became an oil rag,worse than ever. —Why did they try their best and not give up?

2. How Janey and Derk felt

guilty, worried, afraid, upset, a little hopeful, etc.

(1)P13: said Janey brightly, She didn't dare tell him the truth.

(2)P15: When they were stacking chairs as slowly as chairs have ever been stacked, what were they thinking about? (eg. 'Leave now, Old Baggy-pants.')

(3)P16-18: Derek and Janey stood side by side in front of the sink... tried to smile... Derek nodded... Janey added.

(4)P20: 'Still green,' he groaned.

(5)P22-23: Janey could hardly bear to look at them... For a moment or two they stood there staring at each other... blinked and said in a quiet voice.

(6)P26-27: sighed. →have to own up / tell the truth 山重水复(山穷水尽)疑无路

T: It seems that there's no way out. But finally there will be a way out. It often happens in a movie or a story or when we are working on a math problem. Can you give some more examples of the stories you have read? (Jungle Shorts, Cornflake Coins, Micro the Metal Dog)

Period 2

I. 柳暗花明又一村

1. Ending

An important person came out again—Mrs. Venn. The chips were on fire. (flames, smoke) →Mr. Such smothered the flames with his new suit. →His suit was ruined by the fire. It seems that things couldn't be worse, but...→Mr. Such got a new suit.

—What I like about the ending: If the trousers cannot match the suit now, why not let the suit match the trousers? Both ruined→A new beginning.

2. Imagine

What if Janey and Derek directly told Mr. Such about the green paint from the very beginning? (When he asked 'Are you getting all right, you two? P13) Would he still think it was a lovely color? (P14: 'I love that shade of green, Janey. That's a lovely color.') Ss work in group and write a new ending. Share the writing with the class.

II. Analysis of main characters

Ss discuss in groups. Make comments on the main characters and find evidence.

Mr. Such: kind, shy, brave; Janey: 'There's only one thing for it now.' (P14, P21, P26, P30) good at making decisions; Derek: followed Janey, 'helpful'.

III. Share favorite parts

eg. 1. P5: 'At that moment Old Baggy-Pants himself came into the hall.' Can you find out any examples from Chinese literature using metonymy? (eg. 鲁迅《故乡》中的"圆规";夏衍《包身工》中的"芦柴棒")

2. Contrast: Mr. Such's old trousers and new suit. How shocked everyone was.

3. Humor: P8: And covered in cold custard. P12: Except that it wasn't the towel. etc.

教学设计五 7-③ Bertha's Secret Battle

Author: John Coldwell
Synopsis: Bertha and her twin sister are wrestlers. Bertha gets tired of being booed when her twin sister is always cheered.

Period 1

I. Lead-in

1. Background

T: I'm the boss of the town newspaper. These days we are busy reporting the Asian Games in Guangzhou, China. On November 25, a special competition—Women's Freestyle Wrestling will be on. (It reminds us of its "sister"—boxing.) What is a good wrestler like? (strong, skilled at wrestling, fair play) Will you watch it on TV? (Maybe not? But I'm sure many people in our town will, because in my town wrestling is a popular game. Welcome to the Grand Wrestling Competition at the town hall every Friday evening!)

2. A letter for the editor

But a few days ago one of my editors received a letter. It said, "Dear editor, I'm one of the audience of the Grand Wrestling Competition at the town hall. Every Friday evening I enjoy the twin sisters Fiona and Bertha doing wonderful wrestling. But these days I've been thinking about something. Fairplay Fiona wins the fight EVERY week, but how could it be? Was it really fair play? May I ask your newspaper to see to it? Thank you very much for that. Yours sincerely, Fair play." —What can we infer about the author from the letter? (He likes watching wrestling. He likes fair play. We don't know whether he is a fan of Fiona or Bertha. He wants to find out the truth.)

II. Let's see to it (T works as the boss and Ss work for the newspaper.)

1. Find out who they are

Personal files of the twins. Ss work in groups and provide personal information of the twin sisters, including names, nicknames, appearance, etc. —Qs from Boss: How did they get their different nicknames? Do the nicknames really tell how they are?

2. Go to the work place

Reporting from the town hall. Ss work as reporters and compare the differences between the twin sisters (swung open—smashed open, one door came off its hinges; With one leap she jumped over the top rope and landed in the ring.—She took a flying leap into the ring; She waved to the crowd and blew them kisses. —She shook her fist.), what the referee said (The darling of the ring—Her terrible twin sister), how the audience reacted (A cheer went up from the crowd... The crowd stood and clapped. They wanted Fiona to win. —The crowd booed. They wanted Bertha to lose. The crowd yelled at the referee. The crowd stood up, cheering. The crowd booed. The crowd cheered Fiona. They booed Bertha.)—Reporters: The twins just look like what they are called. The audience are happy to see Fiona win. Order from Boss: Interview a few people.

3. Interviews with audience

Group-work: One student works as a reporter while the other three are audience and do the interview just after the fight was over. Brainstorm the Qs before starting. —Q from Boss: Is it true that nobody likes Bertha? Is she really so bad? Is it fair to her? Why not invite Bertha for an interview?

Period 2

I. Let's see to it (To be continued)

1. An interview with Bertha

If possible, Ss help T brainstorm the Qs for the interview. T works as the boss and conducts the interview with Bertha (the class). It should be an honest and close talk.

Qs: How is your life with Fiona? What are the similarities and differences between you and Fiona? How do you like your work? What do you think of your nickname? How do you and Fiona practice wrestling at home? Your sister always wins the game. How do you feel? Do you think it's fair? etc. (Bertha starts to tell the story of her secret battle. Weapon: The hair color as shown on the cover of the book.) So you pretended to be Fiona. When you went on stage and heard the crowd cheer for you, how did you feel? But when the referee said "The winner is Fairplay Fiona", how did you feel? Were you really happy about that? What was your final solution? (toss the coin to see who is Fiona and who is Bertha) Why did Fiona agree to do that?

2. Fiona joins the interview

Ss think in the place of Fiona. How was life different when you wore Bertha's red hair? When the crowd booed you, how did you feel? When the flowers went to Bertha, how did you feel? How did you like being the bad one? Why did you agree to Bertha's idea finally?

T: So now actually you two take turns to win, but always in the name of Fiona. Some audience have already noticed that it is always Fiona that wins the game. Do you think some day the secret will be out? What will you do then?

II. Further discussion

1. Now we know about Bertha's secret battle and what's between Bertha and Fiona. Qs: What caused this problem? (People often put labels on others. As a result, those who wear "bad" labels are used to being "bad", while those wearing "good" are used to being "good". Ss find evidence in the book: the talk between Fiona and Bertha on P9–P11, what Fiona met while jogging, during the fight.) Has it ever happened to you? How to judge people?

2. Special episode.

(1)Both the twins dye their hair. But what's the original color of their hair?

(2)Why did they choose to be wrestlers?

(3)Is their wrestling a real match or just a performance? (P13)

(4)Does Bertha have any fans/supporters?

III. Share impressive parts

T's eg: Foreshadowing during the battle: Why did Fiona not find out Bertha's secret right way? (P16: towel around her head; P17: She was in such a hurry that she did not look in the mirror. etc.)

教学设计六　7-④ Titanic Survivor

Author: Paul Shipton

Synopsis: Harold Bride was only 21 years old when he got a job aboard the Titanic. This huge ship was to make its first voyage from England to the United States. But it was heading for disaster.

Period 1

I. Lead-in

Involve Ss' background knowledge: In group competition, Ss tell anything they know about the Titanic. T: I first watched the movie in 1997. Every time when I watched the movie or read anything about it, I couldn't help thinking about this question: If I had been on board that night, what would I have done? And I couldn't help going further into the accident and trying to find more about it. Today we will have another chance to go near it again.

II. The Titanic

1. Description of the ship

Ss read the beginning part of the book and find out descriptions about the Titanic: the biggest and most famous ship (details), "Queen of the Seas", the biggest and the best, the great ship, a wonderful floating hotel (fancy restaurants, a library, a swimming pool, a band, lifeboats, a radio cabin to send and receive messages), "unsinkable", take one's breath away.

2. About the journey

(1) Where

Departure & Arrival (from Southampton to New York, cross the Atlantic, maiden voyage)

(2) Who

passengers (first-class passengers, passengers with one-way tickets looking for a new life in America) & crew (captain, radio operators, the band, cooks, waiters...)

Ss watch a video clip from Titanic (the ship). T: If you had a chance to take a journey or get a job on it, would you like to go?

(3) How long

At noon 10th April, 1912—2: 20 15th April, 1912.

Period 2

Development of the disaster and people's reactions

1. Iceberg

Ss watch a video clip from Titanic (iceberg). How did the watchmen feel when they saw the iceberg? Did they not know anything before they saw it? How was the hit? Did they think it was serious?

Ss read Chapter 2 and find out the development of the disaster before / when / after the ship hit the iceberg. P8: We received a few warning from ships about ice ahead. →not worried, even interrupted one ice warning; P9-P13: "I think the ship's damaged." "We've struck an iceberg." He told us the ship was sinking. →sent the call for assistance (said the captain grimly), were not worried yet, joked, began to load the passengers into the lifeboats but some passengers refused to go, couldn't believe what was happening, slowly understood the danger, (radio operators sent CQD and SOS), still joked.

2. The terrible truth

(1)Read P14–P15: The Carpathia would be here in four hours, but the Titanic would sink in less than two. No one could rescue us in time. →joking stopped, searched for closer ships, ran with news / messages; The decks were steeper now as the front of the ship sank.→ prepared themselves for the end, (passengers) fought their way onto the remaining lifeboats(2,227 passengers and crew —lifeboats for 1,178), difficult to keep order on the decks.

(2)Ss watch a video clip from Titanic (truth). What was the truth: 'The ship is sinking! ''There aren't enough lifeboats! ' The evidence in the book that shows it's time to give up: The captain came to the radio cabin one last time. 'You have done your duty,' he told us. 'You can do no more. Now it's every man for himself.'—To be or not to be? The hearts sank as the ship sank. Different people will give different reactions. What will people do?

Period 3+4

I. The end of the Titanic and different reactions: P16–P23.

1. Development

power weak, water getting into the engine room, water reached the deck outside the cabin, water pouring in, deck steep, the last lifeboat, sank lower, sticking right up out of the sea, like a duck diving under the water, lights went out in its last few minutes, the Titanic was gone.

2. Different reactions

Find what different people did while the ship was sinking (Passengers: prepared themselves for the end, tried to fight their way onto the lifeboats, tried to steal the lifebelt; Crew: officers keep order, radio operators continued to work even though the power was weak, help to save, the band still playing–twice)

3. Ss watch a video clip from Titanic(different reactions till the end)

What did different people do? (dressed in their best and waited to die, stole the seat for women and children, hugging each other in bed while waiting, telling kid stories as usual, captain went back to the bridge, Christians praying, band playing music)

4. Share opinions

If you were one of them on board, what would you do?

II. Lights in the distance

1. The lost lives

a peaceful life in heaven.

2. The survivors

strong will power. Evidence: P27–That's when I passed out.

III. Heroes or not?

1. Definition of heroes

Ss discuss and tell what a hero is like in their eyes. (courage, bravery, kindness, compassion, etc)

2. Share opinions

Who were heroes in this disaster? (Phillips and Bride, the band, the captain and the crew, some passengers, people on the Carpathia)

教学设计七 7-⑤ The Big Chance

Author: John Coldwell

Synopsis: Everyone is afraid of Hilda, but the new team boss finds a way to get her to change.

Period 1

Latest news: Top three winners of 2010 FIFA Golden Globe—Messi, Harvey, Iniesta from FCB.

I. Lead-in

1. About the book and its author

A book about football. Author: John Coldwell, a writer who is very good at telling stories. Characters from his books: Cleaning ladies, Amy, Bertha and Fiona.

2. How Hilda made her first appearance

Who is the most important character in this book? (Hilda) There's something strange about this book: Where can we see her really appear in the book? (P9: There in the hole where the door had been stood Hilda.) What can you guess about her from the illustration? (strong, fierce, a tea lady, a fan of Smalltown F. C.)

We can't see her in the first few pages, but we can feel her everywhere. (My heart will go on: "Every night in my dreams I see you, I feel you.")

II. We heard about Hilda (In the changing room)

1. Who talked about her

the football players. Who made them talk? (Ray, their boss) How did the footballers feel about her? (They were afraid / scared / terrified of her.) Ss find evidence in the book. (Steve leaped in the air and dropped his cup, sobbed, moaned, glue it, Nobody spoke, whispered, Ssh, she'll hear you, hissed, Oh dear—What did Nick want to say?)

2. Ray's reaction

When Ray heard about her from the football players, how did he feel? (odd, in a mocking tone. "Fancy. A bunch of men, scared of a little old tea lady.") What did he plan to do? (go and talk to her,full of confidence: 'Then I shall go and tell her that the tea is not very nice.' 'She certainly will hear me.' 'Where will I find this Hilda? ') What was the best wish from the team? ('Good luck.')

III. We heard Hilda (At the tea stand, an old caravan)

1. The conversations between Hilda and the two customers

(1)A request

'I'd like one cup of tea please, with a dash of milk and no sugar.' →'You'll get it how I make it and you'll like it,' boomed a voice.

(2)A complaint

'Excuse me,' he said politely. 'I'm sorry to bother you, but this tea is not very nice.' →'What did you say? '(the caravan) began to tremble, rocked, shook, a great bang, door flew off its hinges (reminds us of Bertha) Ss read 'What did you say? 'What feelings should be included? →Finally, here comes Hilda!

2. Ray's reaction

'Hilda,' gasped Ray. How was Ray's first sight of Hilda? (take his breath away)

IV. We saw Hilda (the tea stand—the pitch—the goal area)

1. Hilda's actions

stepped down, rolling up sleeves (ready for what?), strode over to the man, grabbed, threw, marched down, strode into the goal area, lifted, sat him, marched back, climbed back. →She was very good at doing with great moaning minnies who come complaining about her tea. She punished the customer (a chicken) to give a warning to the other fans (monkeys).

2. Ray's reaction

(1)'I think I'll talk to Hilda after the game.' Why was that?

(2)'She'll have to go. 'What if she didn't go?

(3)Instead of watching the game, he paced up and down in the changing room. What was he thinking about? Ss work in groups and imagine what he was thinking about.

(4)'Right,' he said bravely. 'I'm off to see Hilda.' What did he expect the talk would be like? (difficult, but still with confidence, hero of the moment)

Period 2

I. Ray met Hilda(At the tea stand)

1. The result of the talk

P16:In staggered Ray, with a tea urn rammed on his head.

2. Imagine the talk

How did they talk? What happened during the talk? Ss work in groups and 2 Ss from each group act as Ray and Hilda.

3. Followed

Hilda chased Ray into the changing room. Nick hurt his leg and wouldn't be able to play. Ray: 'A goalkeeper who can't make saves and a tea lady who can't make tea.' (P17) →Hilda got angrier. What would you expect to happen next if you didn't read the story?

II. A sharp turning—The Big Chance

1. Hilda cried

Ss act as Hilda, giving a great sob and saying something unexpected to everyone (P18).

2. Everyone's action

shocked. 'It was more frightening than any of her tempers.' Why did she not lose her temper? (The last straw? Tired of being lonely? The changing room was a small space where she felt safe? etc.) Ray: shocked→sorry (If you were Ray, what else would you say to comfort her, especially about her work? eg. the instructions on the door of the caravan)

3. Negotiation

Ray wanted to make it up—a big chance for Hilda. What did she ask for? How did she successfully take the big chance? (win the support of the footballers, persuade, threaten)

III. A proper goalkeeper?

If Hilda didn't take part in the match, would the result be different?

Ss work in groups and list Hilda's contributions to the cup game: ①P22: No rude comments. ②P23: The player kicked the ball to the crowd. ③P24: Everyone was happily drinking their tea. ④P25: The player passed the ball to Hilda. ⑤P25: Hilda scored.

IV. The endings

1. The simple ending

Ss give an ending to the story at the end of P27.

2. The real ending

Hilda became a new tea lady. What made this happen? (Ray) What are the differences between the first talk and this talk between them? (relationship, Ray's confidence, Hilda a milder woman)

3. Your ending

Ss work in groups and work out a new ending that they prefer.

教学设计八　7-⑰ Doughnut Dilemma

Author: Margaret McAllister

Synopsis: Danny's football hero is Keith Connolly. In a television interview Danny hears Keith say that he loves doughnuts, so he decides to take Keith some doughnuts as a present.

I. Football stories

Ss list the football stories they have read in GE. What have you learned from football stories? (Jungle Shorts, The Masked Cleaning Ladies Save the Day, The King of Football,

The Big Chance, Pass the Ball)—Passion is needed.

II. The Story of Danny

1. Danny

a fan of Lowgate United and Keith Connolly. Ss find evidence.

2. Chasing love

What preparation did Danny make in order to deliver fresh doughnuts to his idol? (doughnuts, ticket, dog chews, courage, love, bravery)

3. Share experiences

Are you a fan of a team or someone? Will you do the same? —It's lucky of you to have the chance to chase love. Someone is determined to stay away from what he loves.

III. The Story of Keith

1. Symptoms of love sickness

eg. insomnia, loss of appetite and concentration, changeable moods, etc. Ss brainstorm poems or songs about love sickness.

2. Keith

a fan of doughnuts. Ss find evidence to show Keith is in deep love with doughnuts. P11: Stay wide—awake thinking of doughnuts. Chapter 4: The more he tried, the more he thought about them. Writing: Keith wrote a poem or a letter to his love—doughnuts.

3. Keith's dilemma

He was dying for a doughnut, but he couldn't have any, and couldn't tell. Why not? What did the team live on?

4. Share opinions

What could be the cure for Keith? P22: Danny: 'What he needs is a doughnut.' If Danny's TV hadn't broken down and he had heard what Keith said, would he send Keith any doughnuts?

IV. Doughnut Day—Love is magic

1. The pleasant meet

Danny meets Keith, sharing the doughnuts and life. Ss act in pairs and carry out the talk.

2. The big chance

Hack was injured. The doughnut changed Keith.

3. Friendship

How did Keith show his thanks to Danny? (tickets, doughnuts, match ball)

4. Roles of doughnuts

symbol of friendship, lover, bribe, provocative, cure, condition, etc.

5. Share experiences

Have you ever faced any dilemmas like this? How did you resolve that?

V. Language

1. Similes

(1)Examples

① 'Getting inside the players' changing room at Jam Street was like breaking into a rock.'(P16)

②'... a dog that looked like its mother was a wolf and its father was a dinosaur.' (P16)

③P39: '... as if Danny were a blue, three-headed monster.'

④P41: '... as if he'd fallen in love.'

(2) In use

①End of P5: '...his own half. To him, the ball was like ________.'

②P21: '... with sugar. Doughnuts are like ________________.'

③P37: '... with his head in his hands. He looked like / as if ________.'

2. Writing style

Two lines go separately until they finally meet at the intersection.

教学设计九 7–⑱ Scrapman and the Incredible Flying Machine

Author: Carolyn Bear

Synopsis: Scrapman is a robot made from scrap metal. He wants to help Winston fly his new invention, an aeroplane that doesn't need petrol, but Winston says Scrapman is too big and heavy. Scrapman decides to find out if it is true.

I. A story of flying

1. Share experiences

Why do man dream of flying? Do you have a dream that some day you would fly in the sky?

2. Brainstorm

Ss list different types of flying machines, eg. airplane, helicopter, glider, parachute, balloon, etc.

3. Share opinions

What was the flying machine in the story like? Why was it described as "incredible"?

II. The main characters

1. Family photo

How did they get along with each other? (like a family) Ss find evidence. Ss work in groups and each group give a brief self-introduction for each character, including how they enjoyed each other's company. Remember that Scrapman and Scrapcat are not able to talk properly.

2. Share opinions

Why was the title "Scrapman and the Incredible Flying Machine" instead of "Winston and..."?

III. Failure and success

1. Winston's failure

(1) Share reading experience

When you read the end of P17 ('Winston started to pedal. The flying machine began to move forward.'), what did you expect would happen next? Did you think Winston would have a successful flight? Why / Why not?

(2) List

Ss list the preparation work done before the test flight.

(3) Reconstruct

Ss imagine and reconstruct Winston's speech before the small crowd. Mind the speech manners.

(4) Winston's attitude towards failure

seemed depressed→didn't whistle→accepted the fact that it might never take off and went home for a good night's sleep.

2. Scrapman's success

(1) Group-work

Ss list reasons for Scrapman's success.

①Desire to fly: Ss find evidence in the story.

②The magic night: What did Scrapman achieve on that very night? (Learned to read on his own? Encouraged by the robots in the story-book? Earned courage and confidence.)

③Skills: remembered from Winston. (Opportunities are always waiting for those who have prepared.)

④Crucial reason: Scrapman was much stronger than Winston.

(2) "Do you remember what you were doing?"

People were doing different things when they saw Scapman flying the machine in the sky. Groups work as Winston, Emma, the cows, the sheep and the crows, or any other people from the crowd and describe the incredible event.

(3) Result of the success

① "A narrow escape": Scrapman's facial expressions: proud→panic (Ss find evidence). What finally helped him get down? (Notice the illustration: the mowing machine)

②Everyone's attitude towards the success: Scrapman, Winston, Emma, Scrapcat, Patch. This is what a family is like, like the friendship between Wall-E and Eve.

(4) "Journal of my first flight"

Ss write a flight journal for Scrapman, telling how he prepared for the flight, what he saw during the flight, how he felt and his future plans.

教学设计十 8-⑧ Petey

Author: Paul Shipton

Synopsis: Sophie and Sam live in the future where a robot does all the housework. When the children notice a change in Petey, they don't want him repaired. Life is more interesting when Petey begins to think for himself.

I. Science fictions

1. Range of the story

Science fiction. Ss list the science fiction stories they have read in GE. (Oh, Otto! Captain Comet and the Purple Planet, Micro the Metal Dog, Jem Stone Genie–the Crash, Doohickey and the Robot, Scrapman and the Incredible Flying Machine, The Ultimate Trainers, Petey.)

2. List

Ss list science fiction movies they have watched. (The Fifth Element, I Robot, Bicentennial Man, Sphere, 2012, Avatar, The Day After Tomorrow, Inception, Wall–E, etc.)

3. Summary

Ss list major elements in science fictions (future, outer space, dream, inventions, robots). Why do people like to tell science fiction stories?

II. The present and the future (The earth and the outer space / Reality and dream)

1. Compare

Ss compare the present world and the future. In what ways do the two worlds differ? Ss give supporting details from the stories they have read. eg. dressing, food, transportation, entertainment (virtual reality: computer games which seem like the real world), schools, family relationship, etc.

2. Share opinions

Which world do you prefer to live in? Why?

III. Robots and humans (Future: a world when humans are like robots while robots fight their ways to be human)

1. Video clip

Ss watch the beginning part of Bicentennial Man again. What's the role of the robot in the family?

2. Petey

(1) Sophie's family

Ss work in groups and give a monologue for each family member.

(2) Petey

Why and how did he try his best to be a human? Petey wrote a book called "My Road to Human". Ss work in groups and work out chapter names for the book. Tell reasons for the chapters.

(3) Discussion

①Why is the title of Chapter 6 "The beginning of the end"?

②With the development of artificial intelligence, would it take control of the world some day? (eg. Wall-E)

教学设计十一 8-⑨ Climbing in the Dark

Author: Nick Warburton

Synopsis: At 12 years old Tess begins her working life as a housemaid. On her first day, a chimney sweep arrives, with a boy whose job is to climb up the chimneys to clean them. The boy is ill nad frightened. Tess, and the young daughter of the family, Harriet, decide that something must be done to save him from his cruel master.

I. Story setting: Victorian era

1. An idea of different times

eg. Ruoxi & Si'age: Qing Dynasty; Baogong: Song Dynasty. Evidence: clothing, hairstyle (braids), architecture. —It's important to know the background of novels, movies and TV plays. Time travel.

2. Victorian era

1837-1901. T shows examples of books and movies of the same setting to help Ss build an idea of what the era was like.

3. Ss find evidence in the book to show the story setting

(1) What people looked like: side whiskers,curly hair; fashion style (coat with tails and a stiff white collar; lace, cloak).

(2) Manners: curtsied and stood quietly with her hands folded in front of her; family rules for Harriet.

(3) Means of transportation: coach, carriage.

*An era when the rich and the poor led very different lives.

II. Three kid

1. The background

Ss work in groups of four and describe the different background of the three kids. Three students speak for Harriet, Tess and Will in the first person, telling their own background (poor family, rich and strict family, cruel master, etc), while one student works as a narrator, giving introduction at the start and making comments at the end.

Background information: links to "take afternoon tea"(Mrs Gooch's life), "child labor" (Will's language due to being lack of schooling), "chimney sweep" and "apprentice (climbing boys)".

2. The story of Will's rescue

Ss work in groups of four: Mrs. Hutton was listening to Harriet, Tess and Will telling the story of rescue. She was never tired of hearing about it and kept asking the kids Qs to know more about the story.

3. Share opinions

What was it that led to Will's successful rescue? (sympathy, compassion, bravery, courage, uprightness, luck, teamwork, etc.)

III. E-mail protest against child labor

Child labor is still a world-wide issue today, especially in some developing countries. People all over the world have been doing something to help.

1. Individual work

As a member of an online protest against child labor, you are writing an e-mail to UNICEF to show your support. It can be a poem, a story, a letter to the children, the cruel master or the government, etc.

2. Share your writing with the whole class

教学设计十二　8-⑩ Grace the Pirate

Author: James Riordan

Synopsis: Grace becomes a pirate when the ship she is travelling on is taken over by Captain Cutthroat and his men. But the men don't like having a woman on board and she is left to feed for herself on a desert island. Months later the ship returns, without the captain. Grace is invited back on board as Captain.

I. Just for fun: 2 quizzes on Pirates

1. How much do you know about pirates?

(1) What was the real name of the famous pirate "Blackbeard"? (A, Edward Thatch caka Teach) was nicknamed for his phenomenal beard. He became a pirate after capturing a French warship in 1717.)

A. Edward Thatch/Teach　　B. Maurycy Beniowski

C. Samuel Bellamy　　D. Stede Bonnet

(2) Which of these words was used for pirates operating in the Mediterranean? (D)

A. Privateer　B. Raider　C. Buccaneer　D. Corsair

(3) Which of these alcoholic drinks is said to have been the favorite among pirates? (D. Rum was the favorite alcohol of pirates and has for a long time been is popular in the Caribbean. Many rum brands associate themselves with a pirate background or theme.)

A. Whisky　B. Wine　C. Beer　D. Rum

(4) The character "Jack Sparrow" in the Disney movie "Pirates of the Caribbean" is an actual historical pirate. (B. The character of Jack Sparrow is strictly fictional.)

A. True B. False

(5) The flag that sailed atop many pirate ships was called what? (B. Skull and cross-bones.)

A. Walking the Plank B. Jolly Roger C. Pieces of Eight D. Blunderbuss

(6) Pirates are merely historical and no longer exist in the 21st century. (B. An average of 500 deaths occur every year due to contemporary pirates. Pirates of today usually board large luxury motoryachts with a swift and quiet dinghy and try to steal things, kill, or do both and take over the yacht all together. Many private yachts carry some kind of protection in case this type of situation might happen, whether it be a shotgun, etc.)

A. True B. False

2. Can you be a pirate?

(1) If you find a treasure chest full of gold, how will you keep it safe?

A. Bury it somewhere on a deserted island and make a treasure map to find it again.

B. The bank locker is very safe for such stuff.

(2) What punishment would you give to any disobedient sailor?

A. Make him walk the plank.

B. Tell him to write 'I will be obedient' on paper, one thousand times.

(3) What is your favorite drink?

A. Rum B. Fruit juice

(4) What is your dream?

A. To captain a fleet of pirate ships B. To own a luxury boat

(5) Have you been to sea?

A. A lot many times B. Once or twice

(6) What are your favorite weapons?

A. Swords and cannons B. Machine guns

(7) How do you greet fellow pirates?

A. Yo Ho B. Hi buddy

(8) What is your favorite accessory?

A. The one-eye black band B. Watch

(9) What do you do in your free time?

A. Loot ships B. Relax

II. Grace the Pirate

1. Group work

What qualities in Grace that made her a good captain? Find supporting examples to show that.

Courage: stand up to Cutthroat; Sailing skills:a born sailor; Kindness: saved the ship; Optimism, patience and perseverance: on the island; Smartness: food, shelter and drinks; Bravery: skeleton's box; Luck: treasure; Reform: flag, name, job; Share: treasure; Calmness: battle, good commander; Making choices: go straight instead of being pirates any more.

2. Group work

Raise "What if" Qs to see the possibilities in Grace's life.

What if *Grace hadn't been caught on board the Sea Devil?
*Grace hadn't saved the ship?
*Grace hadn't been thrown on to the desert island?
*Grace hadn't survived on the island?
*Grace hadn't opened the skeleton's box?
*the Sea Devil hadn't come back?
*they had lost the battle?
*they had continued to be pirates instead of going straight?

教学设计十三　8-⑭ Tomb Raiders

Author: Simon Cheshire

Synopsis: The story tells of Howard Carter's great discovery of the tomb of Tutankhamen in 1922.

Period 1 Background

Ⅰ. Definitions

Tomb: a place where a dead body is kept.

Raider: a person that gives a sudden attack (eg. air raid)

Tomb raider: someone who attacks the tomb.

Ⅱ. For what?

1. Treasure

The Grave Robbers' Chronicles—robbers,adventurers.

Whose tombs? (rich people, nobles, kings and queens, emperors, Pharaohs in Egypt, Pyramids) Why are treasures buried in the tomb?

Ornaments needed for the Afterlife—life after death, the Hearafter, the Next World. → Ancient Egyptian religion which Egyptian civilization was based on. →Egyptians also believed that being mummified (mummification) and put in a sarcophagus, an ancient Egyptian "coffin" carved with complex symbols and designs, as well as pictures and hieroglyphs, was the only way to have an afterlife. —a long journey, with the help of Book of the Dead, greeted by the goddess Isis and Osiris, god of the dead.

2. Research

archaeologists / archeologists.

Q: What's the job like? What are they working for?

Ⅲ. How did ancient people try to stop the tombs from being disturbed?

The Curse of the Pharaohs, which may cause back luck, illness or death.

The best-known curse: King Tutankhamun's 'curse'.(Hieroglyph of cartouches for Tutankhamun: birth name and throne name)

1. The death of Carter's canary

killed by a cobra. Story: P40.

2. The "mysterious" death of Lord Carnarvon who was the "wealthy patron (financial backer)" of Howard Carter. Story: One night, Lord Carnarvon was bitten by a mosquito. The other day when he was having a shave, he cut the bite on the cheek. It became infected and led to blood poisoning. He died six weeks after the excavation of Tuntankhamun's tomb. Many years later, doctors who studied Tutankhamun's body found that on the left cheek of the king, there was a healed lesion.

3. The burnt house of Ingham. Story

Carter gave his friend Sir Bruce Ingham a paperweight as a gift. Inside the paperweight, there was a mummified hand with a bracelet marked with, "Cursed be he who moves my body. To him shall come fire, water and pestilence." Soon after receiving the gift, Ingram's house burned down, followed by a flood when it was rebuilt.

(T pauses, expecting a question from Ss. "What about Howard Carter himself? ")

Did Carter believe in the curse? (P41) But he did report in his diary a "strange" thing that in May 1926 he saw jackals of the same type as Anubis, the guardian of the dead, for the first time in over thirty-five years of working in the desert. Died at the age of 64 in 1939.

—Cultural (superstitious) or scientific (the foulness of ancient tomb-air)? Do you believe it?

Period 2 Excavation of Tuntankhamun's tomb

I. The environment on the site of the excavation

Ss find out the descriptions of the environment outside and inside the tomb.

Outside the tomb: Daytime: The Valley of Heat and Flies, sounds of digging. P7-8; Night: cold and still, quiet, P43.

Inside the tomb: dark, dusty, small hole, quiet, foulness of ancient tomb-air, P48.

II. Description of people's emotions

1. Howard Carter

worried, depressed, sad but determined, be convinced (P10)→Excited but persuaded himself to contain his excitement. “No,don't get your hopes up yet,” he told himself. It might be nothing. It might be nothing of importance. (P15)→an unbearable tension (P32)→stunned, could hardly speak (P38)→stood in pools of torchlight, hardly daring to make a sound(P49)→with trembling hands(P61)

2. Lady Evelyn

impatient (P21-22)→almost forgot the hot and tiring journey (P24)→fear of the unknown, cold feelings of dread (P32-33)→frightened (P40, 42, 54)→terrified (P59)

Ⅲ. A historical moment.

Ss read the last two paragraphs on P61. Why did the author stop here?

Ⅳ. Follow-up questions.

Q: Why are Tutankhamun and his tomb so well-known all over the world?

How do you comment on Carter's work?

Think and compare: Excavation of Terra Cotta Warriors in Xi'an

教学设计十四　9-① The Secret Garden

Author: Frances Hodgson Burnett

Synopsis: When her parents are killed by cholera, Mary Lennox is sent from India to live in England with her uncle. A robin helps her to find a secret garden. One day she finds Colin Craven, her cousin who cannot walk or stand and never leaves his bedroom. Mary takes him to visit the secret garden and here he begins his recovery.

I. Lead-in

“Tell us the truth”: There will be one question for each group. Each group choose a number (for a question) and share with the class the experience they have had before.

1. Have you ever planted anything?
2. Have you ever tried to find something that you were not supposed to find?
3. Have you ever become good friends with a member of the opposite sex?
4. Have you ever worked very hard on something that you are committed to?
5. Have you ever kept a special secret? ”—Qs related to the story. Preparation in experiences.

II. The Secret Garden

Q:Why is it called a “secret garden”? Ss share initial opinions. Bear this question in mind and we will come back later.

1. When and where

Story setting. Ss find clues for when and where the story is set. When: the late 1800's and the early 1900's, British India(1858-1947); Where: Misselthwaite Manor in the middle of the Yorkshire moors. —An idea of time and space

2. Story line

What's one of the best ways to get to know the book? Read the CONTENTS. What's included in contents? (an event, a person, a place, etc.) Ss work in groups and read the contents of the book. With the help of the chapter titles,each group gives a short summary for two to three chapters. The numbers can be decided by drawing lots. —A whole scenario

3. Compare the contents

Ss compare the contents of the adapted edition with those of the original work (See Worksheet). Highlight the chapters in common. ①Why are these chapters chosen for the adapted book? (main characters and events) ②Who might have said the words in the titles of Chapter 6, 12, 13, 18, 19, 20, 24 and 26 in the original book? Why? T shares excerpts from the original book(Chapter 19, 20, 24, 26).—Interest in the original work.

4. Character analysis

Task: One sheet of paper for each group. Each group works on one or more characters (Mary, Colin, Dickon, Martha / Ben / Mrs. Medlock, Mr. Craven / Colin's mother / the robin). Included: A picture; Appearance and personality (Give adj and evidence. Show the change if there is any.); Connection and relation with others.

Presentation: Group presentation (with pictures taken by iPad shown on screen). T raises questions for comprehension. Ss can raise questions if they want to.

Group 1: Mary

①Appearance: "What a rude child! And very plain looking. Why, her face is so pale! Almost yellow."(P6) From original book: "When Mary Lennox was sent to Misselthwaite Manor to live with her uncle everybody said she was the most disagreeable-looking child ever seen. It was true, too. She had a little thin face and a little thin body, thin light hair and a sour expression. Her hair was yellow, and her face was yellow because she had been born in India and had always been ill in one way or another." →"The fresh air put colour in her cheeks and she grew stronger." (P16)

②Personality: Rude, spoiled. Q: Who should be responsible for that? (Parents, the "fallen world of adults"; Move from India to England.) →easy-going, sympathetic.

③Relation: With Dickon,P27; With Colin: sympathetic, P45. Q:What brought the change in Mary? (played outside, focus on doing something—Q4, friends, power and strength)

Group 2: Colin

①Appearance: "huge, dark eyes that seemed too big for his thin, pale face"(P36)→ "His arms grew stronger. His legs grew stronger." (P69) "a boy burst at full speed straight into his arms"(74) Q: What was the magic that made Colin walk? The magic of the secret garden. By thinking positively. His belief in himself and support from people around him.

②Personality: ill-tempered, a rajah,tantrum. Q: What bothered him? Who does the author think should be responsible for this? →Look of relief (P55), stronger, happy.

③Connection: Q: Who played an important role in Colin's change? (Mary's talks with Colin: What was each talk about? P50: "some stupid boy". Act the talk on P50–P51 and P54–P56 (A). T shares P201 Chapter 16 'I won't! ' Said Mary. —Colin's jealousy→Very soon, in Chapter 9 Dickon visited Colin. How? T shares P224–225(O).

Group 3: Dickon

① "glorious rust-coloured hair and blue eyes the colour of the sky", has a special gift for communicating with nature, full of life(P27); From the original book: "His speech was so quick and easy. It sounded as if he liked her and was not the least afraid she would not like him, though he was a common moor boy, in patched clothes and with a funny face and a rough, rusty-red head. As she came closer to him she noticed that there was a clean fresh scent of heather and grass and leaves about him, almost as if he were made of them." Q: What was in him that made Mary obey him? Why did Mary like him at once? —Q3

②Personality: Helpful and sympathetic: P51. With Mary and Colin.

Q: Could Mary and Colin have found the path to health and happiness without Dickon? Why?

Group 4

Martha: Q: What is in Martha that draws Mary close to her? But why did Mary not tell her about the secret garden? (P25)

Ben Weatherstaff: Care for Colin's mother and Colin.

Mrs. Medlock: "as sour as crab apple" (P34). Act her reaction on P45.

Group 5

Mr. Craven: P32. Q: Why was he always away? Did he love his son? After ignoring his son for so many years, did he deserve the happy ending?

Colin's mother: "Beautiful eyes". Q: Is her spirit shown in the book? Where and when do you sense it the most? Who is her "agent" in the book?

The robin: P15, P18, P21, P69.

5. The garden

Curiosity is aroused by "But there's one garden you can't go in."—Q2 (e.g. Fairy tales: Apple in the Garden of Eden, Pandora Box)

Description: P23, P48, P62, P75. Q: Who brought the changes?

"CHANGE": Mary, Colin, Mr. Craven, the garden, and season change (Ss find the clues. From winter to autumn: Symbolism)

Q: Why is it called a "secret garden"?

6. Theme

Redemption and the cycle of life.

Adapted book: "It was the magic of this place. The magic of the secret garden."

Original book: "While the secret garden was coming alive and two children were coming alive with it, Lord Craven was coming back to life."

Movie: "If you look the right way, you can see that the whole world is a garden."

7. Author

Frances Hodgson Burnett (P76). Well-known works: Little Lord Fauntleroy (1886), A Little Princess(1905), The Secret Garden(1911).

III. A work of literature: Why is *The Secret Garden* a classic?

1. A combination of children's talk and symbolism (for both children and adults)

2. The Yorkshire dialects.

3. Rhetoric

simile (P6: "as sour as a crab apple"; P71: "like an ice-cold frog"), metaphor (P24: "wrapped in a warm blanket"), exaggeration (P21: "her heart beating faster than a galloping horse"), personification (P69: "even the robin flew down to watch"), repetition (P56: "I can see it. I can see it."), etc. Ss find more examples.

教学设计十五 9-② White Fang

Author: Jack London

Synopsis: White Fang tells the story of how a wolf is gradually transformed into a dog. The story is told mainly from his point of view. He started life in the wild with his mother Kiche, but then they are kept and trained by Grey Beaver, a Native American. White Fang is taken to Fort Yukon on a trip to trade furs, where Grey Beaver is tricked into selling him. White Fang is beaten and turned into a fighting dog,but two men save him and treat him with kindness. In time he responds and is tamed.

I. The setting and the author

How do you like the weather these days? (Snowy days) Imagine: without electricity, without AC, without enough food...

1. The setting

The Klondike Gold Rush: the Klondike region of the Yukon in north-western Canada between 1896 and 1899. What was life like there? (weather, Native Americans and the newcomers) T plays a video clip from The Gold Rush by Charlie Chaplin (1'00-9'10''). Was life easy there? (storm, death, hunger, cabin) Jack London's cabin.

2. The author

Did Jack London make a fortune? What do you know about Jack London and his literature works? The Call of the Wild: from a dog to a wolf,answering the call of the wild. T plays a video clip from The Call of the Wild(till 3'30''); White Fang: from a wolf to a dog, learning to love and be loved. →Why did the author like to write about dog-wolves? (Did he have a chance to live with wolves in SF? The story reflects the author's own life.)

II. White Fang's family

1. Father

battled-scarred wolf Old One-eye, became Kiche's mate after beating two other wolves, flooded with a fatherly instict, caring for his children, responsible for the family, lost the fight with the lynx and died. The cunning and strength of a wolf, P40)

2. Mother

(1)Who is she? Kiche(her father was a wolf, her mother was a dog, was once Grey Beaver's dog, ran away to live with wolves)

(2)Dog or wolf? From where can her dog-side be seen and her wolf-side be seen? (not afraid of fire, came at feeding time; cruelty from hunger, tricks, etc)

(3)As a wife: "She felt the loss deeply"(P16).

(4)As a mother: Ss find evidence for motherhood.(Chapter 2 looked for a place for her to lie own, warned Old One-eye to keep away from the cubs, gave White Fang a sharp whack on his nose when he tried to go outside. Chapter 3 P20 she was too overjoyed find him safe to punish him. Chapter 4 P21 took the left fork to the lynx lair and stole a kitten. Chapter 6 protected White fang when he was bullied.)

3. Siblings

"went to sleep and never woke up again."

III.White Fang

One thousand readers, one thousand Hamlet. What is White Fang like in your eyes? T shows different portraits of White Fang. Ss can tell which one is the closest to what they have imagined and they are encouraged to draw a White Fang of their own after class.

1. Life

Ss work in groups and draw a line of White Fang's growth since he was born. Mark the main events on the line. S decide what color can be used to paint this period of time and tell why. (born with 4 siblings, dad and mom, Lesson 1→siblings died; father died→first battle, Lesson 2→helped mom kill the lynx, Lesson 3→meeting man-animals, first master Grey Beaver, got his name, feelings about men, was bullied, with the company of mom→outcast, learn to protect himself→the valuable new lesson, no mercy to bullies→new master Beauty Smith, fight for his life→new masters Matt and Scott, learned to be loved and love)

2. Discussion

What affected White Fang's change or development on his life path?

(1)Family

something in the blood.

(2)People he met

①Masters: Ss compare White Fang's three masters. How did they become his master? How did they treat White Fang? How was White Fang influenced and how did he respond?

②Peers / Friends and enemies: chicks, mother bird, hawk, lynx, Lip-lip, the fighting dogs, etc.

(3) Living condition

hunger, cold, etc.

→Whoever wants to survive must adapt to the changing environment.

IV. Reading club

1. Setting

Would you go for the Gold Rush if you had lived then? How would you have behaved if you were living under that condition?

2. Theme

What did the author want to tell in the book? Do you agree with his views?

3. Personal impression

Did the book affect you in some way? (positive or making you uncomfortable) Is this book a "keeper"? Would you read it again?

4. Style

Do you like the author's style? Would the story have been better if it was told in the first person? Ss work in groups and choose a part to tell in the first person. What kind of person would you recommend this book to?

附录 校本课程学生作品

Part I Summaries(故事梗概)

● 6-⑤Captain Comet and the Purple Planet

In the Stardust Space Station, Spanner sits at the control desk, Captain Comet tells him not to press the big red button, but he still wants to try it. All of a sudden, the space station has no gravity! Later, Spanner has found something,looking like an asteroid. The captain and Spanner go to have a look. They don't discover it's a monster until Spanner hammers the flag "Planet Spanner" into the ground. The monster is angry because of the pain. He chases the two, and the two escape through the asteroids successfully. In the end, they go back to the space station and the monster still has Spanner's flag sticking out of its bottom.

● 6-⑥Jungle Shorts

Class 3 is going to have football lessons. Lenny is excited. He wants his mom to buy him some real football things. But Mr Cox just wants them to get new shorts. Lenny isn't happy about it. He goes to buy the new shorts with his mom. They can't find Lenny's size. When they find a pair, it's too expensive. Lenny buys the jungle shorts at last. He is very sad. On Monday, when they are waiting for the football class, the students are very excited. But Lenny is not happy. He doesn't want anyone to see his jungle shorts. But he finds that the people living in Lyon Street are all wearing jungle shorts! They are Lyon Street Lions. They beat all the others. Now Lenny is happy. He cleans his boots and washes his jungle shorts quickly.

● 6-⑦The Masked Cleaning Ladies of OM

The cup final is near, but Princess Jean has no confidence, so Queen Norah has talked to one of the best trainers in the country to give her some help. But Princess Jean thinks she can't even score against a mouse. King and his captain dress up as masked cleaning ladies of OM again. They see King Charles (the Carrot Castle team's manager) tell Mr. Goal some words, King Harry and his captain find King Charles's tricks and defeat it. Mr. Goal hypnotizes Princess Jane and lets her feel brilliant. At last, princess Jane wins the cup with an amazing score: Six nil.

● 7-⑨The Luckless Monster

Flossie, the Luckless Monster, lives in Lech Ness with Nessie, the famous Loch Ness Monster. Nessie teases Flossie and has given her the 'Luckless' nickname because Flossie is not big and scary. Flossie doesn't have any friends until some children come to the lake. They are picking on a girl and throwing her glasses into the Loch. When the girl falls in while trying to get them, Flossie saves her and becomes friends with her.

● 7-⑩Jem Stone Genie—the Crash

At Three Wishes School, genies Jem and Pebble are friends but they don't go along with Pearl. To avoid a flying accident, Jem uses a spell and changes Miss Genius into a spider. Pearl threatens to tell Miss Stick,the head teacher, because it is against the rules. By the time Miss Stick arrives, Miss Genius has been released from the spell, but a copy of the test paper has escaped from behind Pearl's cupboard. When Miss Stick notices the piece of paper, it is Pearl who gets into trouble.

● 7-⑪Stinky Street

Mum is expecting twins and says the house is too small. Franklin is happy in Stanly Street and doesn't want to move. Josh knows that houses with problems are hard to sell, so he helps Franklin create some problems for No.3 and together they frighten off the buyer, Mr Bragg. Luckily for Franklin, mum realizes that she can solve their space problems by helping their neighbor, Mrs Cox.

● 7-⑫Cool Clive

Clive's Family isn't rich,so Clive can't get clothes that look cool, but he wants to have right clothes like his friend. Because of this, Clive begins to work for pocket money—first a postboy, then a dogwalker, later a car cleaner, but Clive fails again and again. At last, Clive saves a man's bag and gets a good reward—some cool clothes. Now, he really becomes cool Clive, the coolest kid alive!

● 8-⑤ Blackbeard's Last Stand

Blackbeard was a famous pirate. He liked robbing ships. No one was brave enough to stand up to him. He liked playing with fire. He was a pure evil. Robert Maynard from the Royal Navy got the order to hunt down Blackbeard and bring him back. Robert and his crew sailed at dawn. They were scared because they had heard about Blackbeard before. They came in the sight of the bay where Blackbeard and his ships were. The ship was armed with big guns and cannons. The fight began. In two shots Blackbeard's cannons had destroyed one ship. Robert and his crew used rifles but it didn't work on Blackbeard's ship. Then Robert had an idea. He ordered all his crew to get below decks except himself and Sharp who was steering the ship. Blackbeard thought they died and he was the first to board the ship. But then Robert let all the crew out and began to fight. When Blackbeard nearly killed Robert, Munro the first mate saved him and killed Blackbeard. They realized Blackbeard was just a pirate. That entire devil talking was just nonsense.

Part II Book Reviews(读后感)

1

The Key to Friendship

(Based on 7-⑨ The Luckless Monster)

"Friendship" is a very important word in everyone's life. Friendship is different from love. It is more ordinary, and more common.

Friends will give you suggestions when you meet problems. They will give you a warm hug when you are hurt by something or somebody. They will criticize without hesitation when you do something wrong. And they are the people who know you best sometimes more than parents and lover.

But to find a friend is really not very easy. To find a friend who knows you and has same hobbies as you is much more difficult.

In the story, Flossie is a monster which doesn't have any luck. The family members of Nessie's always tease her, give her many very humiliating nicknames. Same with the monster, Nessie is really famous and she is a celebrity, but Flossie has never been spotted by anybody, actually no body knows her. She is really lonely and longs for a friend who is like her, knows her. One day, there is a girl called Fran coming in Flossie's sight. In some way, Fran is very familiar to Flossie. The other children don't like her, always playing tricks at her. They throw her glasses into the water, and ran away. Having no choice, Fran tries many ways to reach for the glasses, but all of them don't work. At last, Fran swims to find her glasses, but unluckily she was sunk by the whirlpool. Flossie can't stand on that, so she does what a monster should do. Some time later, tired but happy, both of them are saved. So maybe because of this accident or because they have the same experiences, they become very good friends. After that, both of them are more broad-minded than before and smarter. Fran teaches Flossie to look at things differently, and Flossie lets Fran know what a monster world is like.

From the story, we can easily know that to find a friend you have to pay more. It is not easy to find a friend that you want, but it is also not very difficult if you can be sincere with others. Just think, if Flossie doesn't save Fran,can they become good friends? If Fran disagrees with the Flossie, can they be good friends?

So the key to the friendship is to be sincere.

To be sincere, you will find out that many people can be your friends. You will know how to have great friends and you will have more and more friends.

By 1208 Cansandra

2

On Being Special

(Based on 8-② The Personality Potion)

Some days ago I went to the mall with my mom. When I saw a pair of Converse,I really wanted to have them. I asked: 'Mom,can I buy those Converse? 'My mom asked me: 'Why? You just got your new trainers last month.' But I said: 'Because everyone in my class has got at least one pair. I don't want to be out of style.' Then my mom told me the sentences that really impressed me: 'Do you think everything that so-called IN is really nice? You don't have to be like that. You should stick to your own characteristics. You should just try to be yourself. In our eyes, you are different from the others.'

I suddenly realized one thing: Yes! Why do I have to chase around after stuff like that? Is it really meaningful and important to have the fashionable shoes? How about being special... This is the first time I asked myself this question. And the book called *The Personality Potion* has really helped me a lot to deal with it.

The story is about a shy boy, Danny, who doesn't seem to be normal in his mom's eyes. But after he's been experienced a lot and with the amazing effect of the personality potion and his uncle's encouragement he changes into a confident and outgoing boy. But of course he is still a special boy and he finally realizes being not "normal" can also be a good thing. And the last two sentences impressed me most: Who wants to be normal? I'd say anyone who's playing the lead part must be pretty special.

So I get the answer. A person doesn't have to be one who does the same things as the others. He can do something that is not "normal". Here, "normal" doesn't mean having some problems in one's mind but being special. Some celebrities are not that normal, like Van Gogh. They're not in mental hospital but they're beautiful stars in the sky.

Then what's the point of being special?

First of all, special characteristics help you have different specialty. If a person is good at something that few people can do, it must be a great advantage. It can help you in your whole life either in some social activities or as an interesting way of relaxing in the free time.

Second, being special helps a person to stay away from bad habits among the peers. Because the thought of not being plain can help one to believe in himself and have the strong will to keep distance from bad groups.

Third, the special pursuit makes life exciting and enjoyable. Because the special pursuit encourages a person to struggle and challenge new things. It also animates one's life and helps one to embrace it.

But what if one is not special? What is the result of that? Many people are like me. They want to be like some fashionable peers. So, they soon wear the same brand and even have the same lifestyle. They may feel interested, proud and curious at first. But one day, when they calm down they'll find out that they're too impulsive. They are the same as the others! Life isn't as happy as before! They'll soon be tired of that. Actually always being the same as others who play the same iPad, wear the same Converse and drink the same DQ is meaningless and tiring.

So now, here I am, in my old trainers but not brand-new Converse, jogging about but not having parties, listening to my favourite classical music but not those Lady Gaga's series. I'm really relaxed! I feel as if I were in my own special world with the sun shining in my eyes and the wind breezing on my cheeks. Everything is beautiful and fine. But I never knew before that the feeling is so good!

By 1208 Yileen

3

Where's the Sunshine?

(Based on 8-⑨ Climbing in the Dark)

Twelve-year-old girl Tess started her first job as a housemaid at Dr Gooch's house. She and Mrs Hutton, the housekeeper, and Dr Gooch's daughter, Harriet, found poor chimney sweep boy Will was always smacked about by his cruel master, Mr Fry. Tess and Harriet then used their braveness and cleverness to save the poor boy from his cruel master and finally Will became a new servant.

When I read the story for the first time, I felt it was a bit gloomy, and a bit repressive. The illustrations showed a lot of fierce-looking faces, which made me curious about what happened in this story.

Different people in that big house left me different impressions. The mistress, who was very graceful and beautiful, didn't care about the servant and didn't let her daughter do what she thought wasn't fit her to do. Maybe most people at that time were just like that—vainglorious, and that made the world dark. But not everyone was like that. Dr Gooch's daughter, Harriet, was a good girl indeed. Although she was frightened by dirty Will who had come down the wrong chimney, she was determined to save him from his cruel master after hearing the story of his. We can clearly see a girl's chaste heart. It was people like her who made the world full of kindness and love. So she left me a deep impression.

Will in this book was a quite miserable boy. His life was full of darkness—not only for that he climbed up and down the dark chimney, but also for that he was sold by his own father, and became the miserable apprentice of Mr Fry who always shouted curses on him and smacked him about. Will was scared of him, but he had no choice. For him, where's the sunshine? When can he finally see the light of kindness and happiness in the world? No way, perhaps. He seemed to climb in the dark for ever and he could never break away from it, right? But no. Those kind girls who fought their way to save Will made him see the sunshine in the distance.

Where's the sunshine? You see, it is always in our life and it'll never be lost.

By 1204

4

The Secret Garden

(Based on 9-① The Secret Garden)

After reading this book, I was shocked by the garden as well as the writer's imagination. As far as I concern, it's not just a simple story book for children but the good book which tells us very deep truths of our life.

The story starts with a little girl called Mary who became an orphan after cholera swept through India. She was then sent to Misselthwaite Manor, which was owned by her uncle. To begin with, she thought it was a dull place because the housekeeper told Mary that her uncle was as sour as crab apple and was asked to stay in her room properly. She had a servant called Martha. It was her who told Mary about the secret garden, about why it was locked. Mary was curious then. Somehow, some robins showed her the key and the door to the garden. Then she met her uncle, who was far kinder than that she was considered, and the big boy Dicken who helped her with the gardening and liked to talk with animals. One evening, she stumbled upon Colin Craven the weak and proud boy, who was abandoned by his father, and liked to cry and throws paddies in the evening. Mary and Dicken sent him to the secret garden and Colin felt stronger and his uncle forgot about his wife's death and began to attend to his own son.

The whole story seems to be ridiculous but when we continue reading it, we can see that the story is very deep. The story reflects the whole world. Let's see Mrs. Medlock, the house keeper, first. She was unfriendly, but she always said that Mr. Craven was sour as crab apple. If you want to make some one better, change yourself first.

The sentence I love the most is the one from Dicken. "All nature's grand." Changing one's personality or even changing one's apprentice is more and more popular across China. What's more, there are even dozens of people who even risk their lives to change their faces by using poisonous medicine. As the technology is developing fast, maybe all the people in the world be beautiful as well as sexy. But is that meaningful? "All nature's grand." Maybe we shouldn't pretend to be the one that everyone else expects, but we should be just the one you are born to be.

There's a unreasonable figure in the book called Colin. If we get a closer look at the story background, we can see that the writer wanted to tell the readers to make them happier by thinking positively. We definitely will meet some problems, but if we think of them positively, we can do better than we expected.

In a word, I think this book is full of philosophy. And if a book can completely reflect the whole world, including the poor or the rich, and the social environment, it would be the secret garden.

By 1308 Jackson

5

The Secret Garden

(Based on 9-① The Secret Garden)

This book is about a Secret Garden and how it makes things perfect and does people good. Colin is from a rich family but his mother died after she gave birth to him. His mother was a very nice woman. She was beautiful, and she loved plants. She had her own garden and grew a lot of flowers and trees. There was also a swing, which Mrs Craven fell off and never woke again. It made Mr. Craven fall in deep sorrow, and the garden had been locked and been a secret from then on. Mary, the poor girl, came to England for the life. She accidentally found the key to the secret garden. With the help of the robin, Mary entered the garden. She loved it very much. It made her life wonderful and colorful. The garden also cheered Colin up and finally helped Colin's father out of the sadness he had had since his wife died.

It is a story about a herd of children, but the gleaming topic buried deep between the sentences.

The secret garden is not just a beautiful garden where we can plant trees and flowers. It can be in our heart to keep our secret and real feeling. What's more, it is hope. It keeps and lets our dream grow. Secret garden stands for nature and love. Nature changes, life changes, but hope never changes, and nor does smile. Let's go back to Mary. Mary was born in a rich family but her parents never cared for her. It made her feel lonely. But she did not give up hope. She smiled at people around her. She smiled at life. In Misselthwait

Manor, she got the most significant thing in her life–love and care. Martha and Dicken talked with Mary about anything. Also Dicken taught her how to plant. About Colin, he had much money, many servants, and the whole manor. In spite of this, he was a poor boy just as Mary. His father never came to see him, so he had such a bad temper and a poor health for missing love. Mary and Dicken were optimistic and helped Colin know that life was beautiful. Colin's disease in fact lay deeply in his heart. Only love could cure him. And Mary did.

Mr. Craven locked the garden to stop himself from missing his dead wife. And he failed. A castle is built out of love. We shall never keep love out of your castle, or we may be kept out of our family, friends and also a happy life. So Mr. Craven was buried by his sorrow and felt lonelier and lonelier. It was the secret garden that led him out of the gloom into the bright world filled with love and happiness.

Robin stands for Mrs Craven. She had left the world but she wished her husband her son to have a happy life. So she led Mary to her garden to cure her son and help Mr. Craven.

To us, having a secret garden means having dreams and being optimistic.A pessimistic person always has negative way of thinking, but there is always something positive in an optimist's eyes. Have a secret garden in your heart and may your life be beautiful like flowers, hopeful like spring and wonderful like rainbows.

By 1308 Tearre McDoo

6

Guiding question:

Is the Secret Garden a Good Title for the Book?

Coco: Yes, it is. I don't think the title The Secret Garden is an ordinary garden. It was the secret garden which was locked by Mr Archibald. But it was also the secret garden in people's heart. Colin felt lonely and was selfish. So his heart was a secret garden. And Mary got the key to it and opened it. So Colin became energetic and not weak any more. Mr Archibald also had a secret garden in his heart which he was unwilling to open. The sadness of his wife's death was in it. And the misunderstanding between him and his son was also in it. So this title is really meaningful.

Barry: For me, The Secret Garden is a brilliant title and I love this title very much. From my point of view, 'secret' gives a special colour to this story. 'Secret' is a word which has magic, and it brings me great imagination. A chain of pictures are zooming through my brain and I begin to be curious about the story. In another point, this title tells us the development of the whole story. The magic secret garden really explained what the parental love, the strong will, the big determination, and even the hope to become outgoing and be cared by others are like. Colin's heart used to be upset and cold, and the mysterious garden tells him the secret of how much his father loves him.

Colin has become a strong, handsome and outgoing boy, and the secret garden has been memorized in my heart.

Vicole: I think it's a good title, because of its the deep meaning. According to the whole story, Mary found the secret garden, and also the happy ending moved me—the understanding between a father and his son and the great change of Colin. So not only did Mary find the key to the secret garden, but also the key to open up Colin's heart, his inside world. So, it's a good title for me.

Yumi: I think it is really a good title. The secret garden is a very important place in this story. First, Colin's mother died in this garden, and Mr Craven was very sad, so he was afraid of facing his son, who has the same beautiful big eyes as her mom's. That's why Colin was so selfish and unconfident. The secret garden changed many people—it changed rude Mary into a gentle and kind girl; it changed unconfident Colin into a confident one. And also it brought laughter into Misselthwaite.

By 1305

7

Our Favorite Parts

Waiting for Goldie

Christine's favorite part:

She's flying! She flies straight and quick as an arrow to join the other birds. Sunshine's glittering on her wings.

Reason:

It shows me a really special and beautiful picture. She flies up towards the blue sky with bravery, hope and her colorful feathers sparkling in the sun just like silk. And this part is also a sign of the happy ending. I'm so glad to see that granddad comes back home healthily, and so does Goldie.

Sarah's favorite part:

Whoops! Some rocks go clattering down. My foot's slipped. I'm hanging on with my finger tips. I'm going to fall...

Reason:

It is very dangerous. I feel really nervous about it. I want to know what happens next to Danny. Will he fall down or grab something and doesn't fall down? Will he find falcons or

Goldie?

Ceigney's favorite part:

She looks angrily at me. 'Why don't you say something, Danny? You can see Granddad is upset! Goldie is all right, isn't she? Of course the falcons didn't get her! Tell him Goldie is all right!'

Reason:

I don't like this mom at first. Because it will be a big responsibility and a big pressure. So I'd want to know the plot after this dialogue. Will Danny tell a white lie or not?

The Personality Potion

Sarah's favorite part:

Danny tried to think about the words. But they seemed to swim around like tadpoles on the page. Without the Personality Potion, he knew he couldn't do it. He couldn't even speak. His throat was dry and his face was burning up.

Reason:

From these words, I really know Danny is nervous. He has cold sweat. His body trembles. And he can't say a word. I am really nervous if Danny can't get part.

Chris's favorite part:

His mum gave him one of her looks. The looks that meant you're not normal. His parents were always saying stuff like this.'Why don't you behave normally?'Or, 'It's not normal for a boy of your age.'

Reason:

Behaving normally doesn't mean something good. Being special is not the same as being bad. Being outstanding is also a kind of special, isn't it? I don't really understand why Danny's mum hopes his son acts normally.

The Ultimate Trainers

Grace's favorite part:

Jake did not seem to notice the dog, but he leapt into the air. He soared high over the puzzled dog, than went on running.

Reason:

I think the description is very vivid and funny. The trainers are really clever. They can control everything when something happened. The puzzled dog is really lovely at that moment. In fact, I want to have those trainers.

Jerry's favorite part:

Jake trudged back to school. He didn't even notice that someone had been watching him as he ran. Someone who couldn't believe his eyes. Someone who followed Jake all the way back to school, and watched him place the trainers in his locker...

Reason:

I think this part is quite mysterious. At first, 'someone' this word really made me want to know who it was. Then when I knew it was Kevin Beadle, I felt he was like a sneaky thief hiding in the dark waiting to steal the trainers.

Jim's favorite Part:

Jake: About what I said... I'm sorry. You are right.

Anna: I know.

Jake: I was an idiot.

Anna: I know.

Jake: You don't have to agree so quickly.

Reason:

I think this short conversation is very funny. In reality, classmates always talk like this. It's close to the real life.

James' favorite Part:

One moment Beadle was bragging about how easy the race had been. Then suddenly the smirk disappeared from his face and he started jogging on the spot. It was clear that he couldn't stop. It was the trainers! ...

But he did not stop. He jump high over the school gates and raced along the pavement at top speed. He had no control over where the trainers were taking him.

Reason:

In our mind, bad people should get the bad ending. So we can imagine the ending easily. But not many people can guess how—it was so funny and amazing. Just imagine, you win the big race, but you don't have the control of your body, it is really bad. So poor Beadle has "gone nuts". The author writes this part well.

Black Dan

Sam's favorite part:

I was surrounded.

I could see red eyes and black grey hound shapes, creeping up on me.

I want frozen up—I couldn't move. But my mind was suddenly clear as an ice cube. I knew exactly what I'd walked into.

I'd walked into a pack of Black Dans. Ghost dogs in the forest. They'd been expecting my dog to join them. They'd been waiting for him to come.

Reason:

This part is vivid. I feel nervous and scared when I read this part. I can know how nervous Steve is.

Beryl's favorite part:

I was shaking like I had rubber bones. But I got some strength from somewhere. I shouted into dark.

Reason:

I think this sentence is quite funny. Although Stevie is really scared, he knows Dan's important to him. So he gathers some strength. He doesn't want the ghost dogs to take Black Dan away. He understands he needs Black Dan to be his friend in his life.

Kelven's favorite part:

And once, I opened my bedroom curtains. And I thought I saw two burning eyes flash in the dark.

Reason:

This ending is quite mysterious. From the two burning eyes, we can imagine a lot. We could continue the story with all our imagination. As if the story is still going on. And although there are no other words in the story but I can still feel my blood run cold.

Tom's favorite part:

But once, at night, I thought I heard howling, from a long, long way away. Then I listened again. Then I decided: 'No, it's only the wind.' And once, I opened my bedroom curtains. And I thought I saw two burning eyes flash in the dark.

Then I decided, 'No, it's only a fox or a rabbit.'

Isn't it?

Reason:

This is the ending of the story. It brings out my imagination. However, when readers read this ending, he or she might think of many things. For example, the burning eyes, the howling. When I read this ending, I just guess it was Black Dan the 8th, and the howling is old Billy's howling. That's so funny!

By 1201 Class A

Part III　Scripts(剧本)

1

6-④ Oh Otto!

Cast

Mars: *Narrator-N*; *Kate*: *Charlie-C*; *Linda*: *Otto-O*; *Carol*: *Miss Underwood-U*; *Rain*: *Jo-J*

N: The children in Class Four are busy working.

U: I have something very important to tell you. A new boy is coming to our class.

C: Really? He can play with us!

U: Oh, yes. You'll be good friends. But he comes from far, far away. In fact, he comes from outer space. This is his first day at Earth school. You must help him.

J: OK, Miss Underwood. I'll teach him how to have the class.

U: Thanks. Now let him come. Clap your hands.

N: There comes a boy. He looks just like the other children—but he is a different color. He is green.

O: Hello. I'm very happy to meet you. My name is Otto. I don't know what this name means. But I think this is a good name.

C: Yeah! I think so. My name is Charlie.

J: And my name is Jo.

J: I'm Josh.

U: Otto, please sit with Jo and Charlie and Josh. Charlie, give him a hand if he needs it. This is your mission.

C: Oh, right. This is my pleasure.

U: Dear, try to be a good student.

O: Miss Underwood. You make a mistake. I don't think I can be a deer. But I can quack like a duck.

O: Quack! Quack! Quack!

N: Charlie thinks it is fun. And he joins in.

C: Quack! Quack! Quack!

U: Otto, no quacking in class! Charlie, you know better than that! Get on with your work.

C: It's not fair! I get into trouble and he doesn't! I don't like you one bit!

N: Otto always makes a lot of mistakes. He makes Charlie green. And Charlie isn't happy about it. Charlie gets crosser and crosser and crosser. At playtime, when Otto is in the playground, Charlie decides to scare him. Then he wants to play a nasty trick on Otto.

C: Otto, if you stand there, you'll get eaten by a bear.

O: A bear! Where?

C: We keep the bear in the head's office. All Earth schools have a bear. Sometimes the bear gets out... and sometimes it is hungry!

O: Oh, my god!

N: That afternoon the class is having a Treasure Hunt. All the children are looking forward to it.

U: Jo, I want you to work in a pair with Otto.

O: Work in a pear? How? It will have to be a big pear. Not too juicy. We could all get sticky.

J: Oh. Otto! You don't understand anything!

N: Charlie works with Josh. And Jo works with Otto. Then Miss Underwood gives each pair of children the same clue. The Treasure Hunt begins.

C: Let's read the clue. Start at the classroom door. Then walk along. Don't go right. Then you won't go wrong. What does that mean?

J: I don't know. But when Miss Underwood hid the treasure last time, it was in the playground.

C: Let's go there! Quick! We'll be first.

N: Otto hears the talk and he jumps up to follow them—but Charlie has a plan. He sticks out his foot and trips Otto up.

C: Enjoy your trip!

N: All the other children run out of the classroom and follow Charlie and Josh. They turn right, towards the playground.

J: Never mind. Let me help you. But now we're going to be the last.

O: We won't be last, because they are going the wrong way. Look at the clue. It means we start here—at the classroom door and we don't turn right—because that would be wrong. We have to turn left. Let's go!

N: At this time, Charlie and Josh and other children get to the playground.

C: We are in the playground now. Let's get fed up.

J: OK.

N: Five minutes later.

C: There's nothing here. Let's look inside the school.

N: They go back into the school hall, and they see...

C: A bear!

J: Help! Help! We've seen a bear.

N: Charlie and Josh run fast. And Jo and Otto walk along the corridor. And they find a map.

J: Look, another clue. Follow this map, if you want to do well. Just look in the place, where you find a spell. Let's go!

O: Maybe it is in the library.

J: Yes. I think so.

N: Then they get to the library. And Jo reads out the clue again.

J: Follow this map, if you want to do well. Just look in the place, where you find a spell.

O: I understand! Look—there is a pile of spelling books. That is where we'll find a 'spell!'

J: You've got it, Otto! Yum! It's chocolate money! Let's go back to the classroom.

N: In the classroom. Jo and Otto share out the treasure chocolate.

O: What's the matter with Josh and Charlie?

C: They saw a bear!

O: A bear! Jo, you told me they were making up that story to scare me.

J: I don't know.

U: Haha, It is my new coat. Charlie and Josh say sorry to Otto.

C: I'm sorry I made fun of you.

J: I feel very sorry, too.

U: We'll forgive you. We all have bad days. You and Josh seem to have lost your heads, today!

O: Oh! Shall I look for their heads, Miss? I'm good at finding things!

Together: OH! OTTO!

By 1303 Rain

2

6-⑩ Jellyfish Shoes

I: Jelly fish　K: Laura　J: Mom　S: Scott　A&D: Jelly fish worker

Scene 1

(In a shop)

I: Hello, everyone. I'm a pair of jelly shoes. I'm pink and see-through like raspberry jelly. I can leave little tracks in the sand. I think the life is boring now. Do you want to wear me? Come and buy me. (write on a board / paper)

J: Oh, you are beautiful. I think my little daughter will like you. How much are you?

I: I don't need money. But please let me have a wonderful time. And keep me clean every day.

J: All right. Let's go home.

I: OK.

(At home)

J: Laura, come on! See what I have bought for your birthday.

K: Wow, beautiful shoes!

S: Yes, they're beautiful jelly shoes.

K: Jelly shoes. Nice to meet you.

I: Nice to meet you, too.

(In the sand)

(Laura runs down to the beach in jelly shoes and leaves little tracks.)

K: Look, Scott! My new jelly shoes are leaving stars in the sand!

(Laura treads in a jellyfish on the sand. She lifts up her shoe.)

K: Ughhh! What's that mess?

S: It's only a jellyfish. The sea washes them up on the sand.

K: Well, I don't like it. It looks like a jelly cow-pat.

(The sea washes up some pink jellyfish.)

S: Watch out. Jellyfish can give you a nasty sting.

K: Yuk! There are loads of them! And phew, what a pong! I hate them. They'll spoil my new jelly shoes!

S: (looks at jellyfish and shoes then smiles) I don't know why you hate jellyfish. What do you think your new shoes made of?

K: (looks at them, too.) Don't be silly. (voice shaky)

Scene 2

S: I thought you knew. Don't you know what happens to all these washed up jellyfish?

(K shakes her head.)

S: I'll tell you what happens. The jelly workers come round. They come round at night with bin bags. And they shovel all the jellyfish into the bags. And they take them away to the Jelly Shoe Factory. And they make them into shoes. Just like the one you've got on. I thought everyone knew that!

K: (looks at her shoes) I don't think I like my new shoes any more.

I: Oh, dear Laura. I'm not made of jellyfish. Scott is telling you a lie. Don't believe him!!

K: (tears them off) Yuk! I don't want pongy jelly fish shoes that sting me!

(K throws the shoes into the sea.)

I: Laura! Laura! Laura! (bobbing about on the waves)

K: (waving goodbye) Good riddance! (She goes back in her bare feet.)

Scene 3

I: That night, Laura dreamed about the jellyfish workers.

A: Shovel.

D: Bin bags.

A&D: Let's go.

A: So many flies there.

D: Yes yes. But we have to work.

A: Look, jellyfish!

D: Yes. Let's shovel them.

(K wakes up.)

K: Oh no! The jelly workers are coming!

(K looks around.)

K: It was just a bad dream.

(The jelly shoes are bobbing about on the waves.)

I: Go, go. Let me go. Laura, I believe I will come back. I will tell you I'm not made of jellyfish. I will let you love me again. Waves, help me!

(Next day)

J: (looks out of the window) Oh, jelly shoe. Oh, my little daughter. You have lost your new shoes. Oh, Scott, can you help me to get Laura's jelly shoes back?

S: Ah?

J: They are on the beach. I don't know how Laura lost it.

S: Oh. OK.

(S goes to the beach and takes them back.)

I: Bad boy. I hope you can be honest. Tell Laura all about it. Nasty boy.

(S's face turns red.)

(S gives them to mom.)

I: Oh mom, I love you. Thank you for helping me.

J: Helping you?

I: Yes, you got me back from the beach.

J: You are welcome. You're just like my child. And Laura likes you better than her brother Scott.

I: No, Laura doesn't like me now.

J: You mean she doesn't like you? No, she is just forgetful and careless. She still loves you. And I will give you back to Laura. She will be very happy about it.

I: No, I...

(K gets up.)

J: What a bit of good luck! Guess what I just found on the beach?

K: Don't know.

J: These! I bet you didn't even know you'd lost them.

(J tips up one of the shoes. A winkle fell out of the toe.)

J: Here you are. You can put them back on now.

K: (pushes them away) I won't put them back on! You can't make me!

J: (stares at K) What on earth is the matter? I thought you'd be pleased to get them back.

K: I don't want them. I don't want smelly shoes that make flies buzz all around me! Why did you do it, Mum? Why did you buy me shoes made of jellyfish?

(K rushes out of the door)

J: (shakes her head)Shoes made of jellyfish? What's she talking about? Do you know, Scott?

S: Don't ask me. (guilty)

J: (sighs) Ah, Laura. Scott, please give them back to your sister. (gives shoes to S)

(S goes out)

Scene 4

I: You see what happened. It's just because of your lie. Think about it!

S: I'm very sorry.

I: Sorry? Then what do you want to do?

S: I will tell her all about it.

I: OK. I hope you can be honest.

S: I know.

(S runs after K, shoes in his hand.)

S: Mum says you've got to them on.

K: No! I'm never wearing those horrible shoes again! Not ever!

S: Look. There's something I've got to tell you. What I said yesterday, about the jelly shoe factory—

K: What's that? What's that in the sea?

(Jellyfish in the sea)

K: They're beautiful! What are they? (She gets closer and closer.)

S: They're baby jellyfish. Hundreds of them.

K: Jellyfish! (She jumps back.)

S: And if we don't save them, the sea will wash them up. They'll get splatted on the sand. They'll all die.

K: I hate jellyfish! They pong. They sting you. They get made into jellyfish shoes.

S: Well, I'm going to save them.

(S puts the shoes on the sand and races back to the house.)

(K looks at the jellyfish.)

I: (going to the sea) Laura still doesn't like me. Maybe I have to go to the sea. Laura doesn't like me at all. She hates me.

K: Poor babies.

(S comes back with two buckets.)

K: I'll help you to save them.

(K grabs a bucket.)

S: We'll tip them into that rock pool. But we've got to hurry. Don't touch them. Even the babies sting.

(They scoop up the babies in buckets. They run to the rock pool and tip them in.)

S: Hurry! The sea's going out!

Scene 5

(K dashes to the rock pool.)

(They run back again and again.)

K: I—can't—run—another—step! (sits down on the sand)

S: It's all right. Look! The tide's coming in!

K: (lifts her head) Hurray! We've saved them. We saved the jellyfish babies!

(They go to look in the rock pool.)

K: It's like jellyfish soup in there!

S: But they're safe. And when the tide comes in, it'll take them out to the deep deep sea—where they belong.

K: I like jellyfish now. They're beautiful, aren't they? I'm really glad we saved them. And now the jelly workers won't get them. They won't be taken to the Jelly Shoe Factory and made into jellyfish shoes.

S: (guilty) I was going to tell you about that. There isn't any Jelly Shoe Factory. There aren't any jelly workers. They don't make jelly shoes out of washed-up jellyfish.

K: How do you know?

S: Because it's just a story. I made it all up!

K: No, you didn't!

S: I did, I did, honest!

K: Where are my jellyfish shoes anyway?

S: (looks around) I don't know. I put them down when I went to get the buckets. They can't have walked off by themselves...

(K looks around. A line of stars in the sand.)

S: There they are! (pointing to the sea)

(The shoes are bobbing on the sea.)

S: I'm going to get them back!

K: (thinks a minute) No. Let them go.

K: (waves goodbye) Bye-bye, jellyfish shoes.

S: What are you going to tell Mum? She'll be very angry.

(K smiles a secret smile.)

I: Bye, dear Laura. I will play with whales and dolphins and octopuses for some days. And if you need me...

K: OK!

(After a week)

K: Jellyfish shoes! Come back, please!

I: (swimming) OK!

(S&K&I are on the beach.)

I: Beautiful Laura.

K: Cute Jellyfish shoes.

I&K: Good brother Scott.

S: I'm a bad brother.

I&K: No!

K: You are a good brother. You always help me.

J: Laura, do you like your new jelly shoes now?

K: Of course.

I&K&S&J: We are a happy family!

By 1208 Ivy, Kelly, Sylvia, Jenny, Alan, David

3

6-⑫ Cornflake Coin

Main characters: Kerry, Omar, Mr Hart, Matt Thorn, Kerry's Pa & Ma

Scene 1 (in school field)

Student A: Hey, have you ever heard about the competition held by the local newspaper?

Student B: Of course, everyone knows that. The owner of the oldest and most exiting treasure will win a trip for two to Space Fun Park!

(Many students walk around, talking about the exciting competition.)

(It is lunchtime. Kerry and Omar are out in school field. Kerry is scrabbling in the long grass.)

Kerry: Today is so boring! Mr Hart gave us such stupid homework. I must go crazy after I finish it!

Omar: Take it easy. There is still something interesting. Don't you know the treasure hunting competition?

Kerry: Even I know it, yet it is nothing to do with me. I am quite sure that I won't find anything older than me... Oh! My lady gaga!

Omar: What is wrong with you?

Kerry: Look! (Kerry holds up something round and shiny.) It is a coin! It looks really old.

Omar: Let me have a look.(He looks at it carefully.) Wow! It does look old! Let us take it to Mr Hart. Then he will put it in for the competition. You never know, you might win.

(Omar passes it back to Kerry. Kerry is jumping about with excitement.)

Kerry: It is a real treasure coin. Thank God, even just now I said I cannot find real treasure! Come on! We are going to show it to Mr Hart right now!

Scene 2 (in the classroom)

(Mr Hart is sitting at his desk, and Matt is standing very still, feeling disappointed.)

Mr Hart: Matt Thorn, it is the fifth time you have stood by my side because of the mistakes you have made. Why do you always do this kind of naughty things? I don't know why you could laugh at Kerry. You did not do well in this test as well.

Matt: Mr Hart, I promise I won't do it again.

(Kerry and Omar burst into the classroom, but they suddenly see Matt. There is silence.)

Omar: Excuse me, can we get into the classroom?

Mr Hart: But you have gotten into. Please wait a minute. (he turns to Matt) Matt, I don't know how I can believe you, but today's talk is over. I want you to think about yourself. Do not make others upset.

(Matt does not say anything and goes out.)

Mr Hart: Well, what is going on?

Kerry: I just found this on the field! Will you enter it for the buried treasure competition?

(Kerry drops the coin on to the desk.)

(Mr Hart rubs the coin, looking at the writing on it. Kerry and Omar stare at him.)

Mr Hart: If you look at the edge of the coin, you can see the words Fun Start.

Additional scene: (Advertisement time!)

Brother: Ma! I cannot eat the breakfast, I have to go to school right now!

Ma: David! You mustn't go to school without having breakfast!

Brother: Ma, just this time, and you should take the responsibility because you did not tell me to wake up!

Sister: Hey David, there is Fun Start cereal! Don't you want to have a try?

Brother: Fun Start? Oh, my Favourite! Ma, I won't leave without having breakfast for ever!

Ma: Fun start, Good Mother's Choice, we always keep eating it for breakfast. Don't forget. Now buy Fun Start. You can get a special coin for free. Collect all 100 kinds of the coin, then you can have a chance to get the secretive gift!

(Back to classroom)

Kerry: You mean Fun Start, the cereal?

Mr Hart: (nods)Yes, Kerry. This coin looks real, but it is a copy. It is a free gift from a cereal packet. I am really sorry.

(Kerry's face is full of disappointment, feeling her heart sink.)

Mr Hart: Cheer up, Kerry! There is plenty of time to find some real treasure before the competition closes.

(Kerry and Omar walk back across the classroom. Matt is behind them secretly. Kerry glares at him, but Matt keeps laughing at her.)

Scene 3 (the next day)

(Kerry and Omar pass the corridor, but everyone laughs after seeing them.)

Omar: What is the matter?

Kerry: Thanks to Matt, I don't think anyone missed the stupid story that happened yesterday!

(They get into the classroom. Students fall silent. They sit down, and Kerry begins to go red in the face)

Omar: (whispers) Hey! Don't let Matt bother you.

(Mr Hart goes into the classroom.)

Mr Hart: Guys! I think I have told you that you can bring the treasure you have found. Could I have a look?

(A part of students take out their treasure. Kara brings in some yellowy old photos. Ben digs up an old glass bottle, and Jas brings in an old children's book with a green cover.)

Matt: Mr Hart, this is my treasure. This china teacup is taken out of my gran's cupboard by myself.

(Mr Hart looks at it very carefully)

Mr Hart: This is very old, Matt. I think it has got a very good chance to win the competition.

(Matt chuckles proudly. Kerry glares at him.)

(At the end of the day, Kerry hurries out of school. Omar tries to keep up with her.)

Omar: What are you doing?

Kerry: We have to find something older than Matt's teacup.

(In the park, Kerry and Omar look under benches, in bushes and the fence. They find half a pencil and an old football. Then they go to the canal. They look under the bridge and along the path. They find a broken doll and six empty sweet packets. Kerry lies on the ground.)

Kerry: I cannot walk another step.

Omar: Let us go home.

Kerry: Agree! Let us forget about the stupid competition.

Scene 4(in the park)

(Kerry's family and Omar are having a picnic. Kerry is still in a bad mood.)

Ma: What's up with you?

(Kerry shrugs her shoulder.)

Pa: I am taking Barber (the dog) for a walk before he digs any more holes. Why don't you two come with me?

Kerry: Don't feel like it.

Pa: Come on! We can go up the big hill where they are building that new cafe.

(Kerry groans. She stands up and takes Barker's lead.)

(Later, at the top of the hill, Pa goes to look at the yellow digger parked under some trees. Barker suddenly starts howling and pulling away from Kerry. Kerry drops his lead. In a second he has raced down into the hole and starts digging.)

Kerry: Maybe he has found some real treasure!

Omar: I bet it is just an old bone. He is always digging up something.

(Barker scrabbles about and digs up some bits of wood. Then he trots over to Kerry. There is something in his mouth. The look of excitement vanishes from Kerry's face.)

Kerry: Just our luck. It is another of these stupid cornflake corns.

Omar: Let us keep it, anyway.

Kreey: You can if want to. (hands him the coin) But I have had enough of cornflake coins.

(Then Pa calls them over. They go back down the hill.)

Scene 5(in the classroom)

(Mr Hart picks all the treasure.)

Mr Hart: The competition closes today. I will drop this off at the newspaper after school. Does anyone have something else?

(Everyone shakes their heads.)

Omar: Kerry's dog found this. (He passes it to Mr Hart.)

Matt: It is another cornflake coin! (Everyone laughs.)

Kerry: Why did you have to bring that out? (hisses)

Scene 6

(A few days later, the whole school is packed into the hall. A tall woman stands up.)

The Editor: My name is Clare Fenton. I am the editor of the local newspaper. I am glad to tell you that someone from this school has won our buried treasure competition.

(There is a ripple of excitement.)

Student A: I don't want to say that, but...

Student B: This bad guy really has a good luck.

(Matt is grinning from ear to ear.)

The editor: The winner is... Kerry Robinson! Kerry has found a real Roman coin.

(There are gasps of surprises and then everyone begins clapping.)

(Kerry grabs Omar's elbow.)

Kerry: You are coming with me.

(Matt is not clapping.)

The editor: Well done! You will be on the front page of our newspaper this week! (She hands her the tickets for Space Fun Park and smiles.)Mr Hart said your dog Barker found the coin.

Kerry: Barker found it, but Omar helped too. He stopped me throwing it away. I thought it is a cornflake coin.

The editor: Well, it's a good thing that Barker knew what it was. I think he and Omar should be on the front page, too, don't you?

(On the way back to class, everyone wants to talk to Kerry and Omar.)

Mar Hart: Barker dug up the real thing, didn't he?

Kerry: Yes, it is a good thing he knows the difference.

(Omar and Kerry both grin.)

By 1307 Davy, Fisher

4

7-⑪ Stinky Street

In the TV station

Host: Hello, everyone. I'm ×××. Welcome to our talk show. Today we will talk about a place where we stay every day. Yes, it is house. Someone says, be it ever so humble, there is no place like home. Houses are very different. Some are huge and have gold swimming pools. Pop stars live in those. Some are in rows with a brick wall at one end and overlook a pie factory. Although everyone's house are different, that's our home. We have to love it. And then I will tell you a story about a boy called Franklin who likes his house very much. Let's welcome him!

Franklin: Hello, everyone. I'm Franklin. I'm a boy who lives in Number 3, Stanley Street. There is a place which is not very beautiful, but warm. Walking in that street, you will smell the flavour from the pie factory. Some people might think, 'I want a house with a swimming pool.' But not me.

Host: Let's watch a short video to show the beautiful time between Franklin and his friend.

(Everyone (Franklin、Josh、Zack、Mrs Cox、other student) introduces themselves. They are having fun.)

Host: Life is very happy, but Franklin has some problems. Right, Franklin?

Franklin: (sadly) Yes. I have some problems.

Host: Let's have a rest. Do you want to know what Franklin's problem is? So, don't walk away. After the advert, you will know that.

Advert: Real estate (two persons)

1: Do you want your child to study in AB Foreign Language Primary School?

2: Of course. That school is very beautiful. And the teachers all teach well. So, you mean you know how to let our child study in that school.

1: Yes. There are some villa near AB Foreign Language Primary School. If you live there, your child will have the chance to study in that school. These villas are in Dongqian Lake. The view is very beautiful.

2: Oh, how nice!

1: If you want to buy one or know about this, please call 400-123456.

2: Thank you very much! How nice!

1: Matey, don't wait!

Host: welcome back! So, what's your problem, Franklin?

Franklin: It's hard to say. But I will tell you. It is because of my parents...

Dinner time

Mom: It's time to have a meal!

Franklin: Wow, so delicious!

Dad: Franklin, we want to tell you a very important thing. That is your mom is expecting twins.

Franklin: What? Really?

Mom: Yes, my dear. And we need another bedroom for the babies. So we have to move.

Franklin: Move? I don't agree. And I don't mind sharing mine.

Dad: Babies cry all night.

Franklin: I'll wear earplugs.

Mom: This house is too small. We must move.

Next day (Josh and Franklin walk on the street.)

Josh: Look, Franklin. Look there! There is a'For Sale'sign stuck by your door.

Franklin: Oh no. What am I going to do, Josh?

Josh: (frowned) Has your house got problems? Number forty's got problems and no one wants to buy it.

Franklin(stares at Number forty): What kind of problems?

Josh: Oh, mice and damp and really horrible wallpaper.

Franklin: (sigh)My house is warm and friendly and it has just been painted, worse luck.

Mrs Cox: Hello, lads. Will you take...?

(Before she can finish, her dog Zack leaps out of her house. He jumps up at the boys, trying to lick their faces.)

Josh: (giggle) Yuk! Down, Zack!

Mrs Cox: (to Zack) Zack, Zack, my dear. Get down, quick, please!

Mrs Cox: (to boys) He hasn't been out all day. I've been a bit wobbly. (tap her legs)

Franklin: (smile) No worries. I don't mind taking Zack anywhere. I love Zack very much.

Mrs Cox: I am so sorry you are moving.

Franklin: (grumble) So am I.

Mrs Cox: (pat Franklin on the arm) Never mind. Your house might take months to sell.

At home

(One week later, it looked as if Mrs Cox was right. Only a few people came to look at the house and none of them wanted to buy it. Franklin's mom stroked her growing tummy and looked fed up. Upstairs, Franklin danced around with his underpants on his head in celebration. Maybe he was safe. Maybe no one would buy his house.

But a few days later—it must have been Thursday, because the smells from the pie factory were chicken and rhubarb—Franklin came home from school to find a man in the kitchen.)

Franklin: Lalalala... mom, I am back.

Mom: So, Mr Bragg. What do you think about my house?

Mr Bragg: Pretty good. I have to talk with my wife, maybe I'll buy it.

Franklin: Hello, I am Franklin. I am... ah...

(Mr Bragg glared at Franklin and trod on his toes, without saying sorry.)

Mr Bragg: Mmm, I want to come back for a second visit. So, Saturday morning, ten o'clock sharp, OK?

Mom: OK, OK. Goodbye, Mr Bragg!

Franklin: Oh my god! What can I do?

That night, Franklin had a bad dream.

Mr Bragg: You wait and see, boy. I am going to have your house!

Franklin: (woke up) No, you won't, you tatty toe-cruncher!

At school

Josh: Hi, Franklin.

Franklin: Oh, Josh! What are you doing on Saturday?

Josh: (shrug) Nothing much.

Franklin: Does your big sister still work in the fish shop?

Josh (nod)

Franklin: Good. Listen, I've got a job for you.

(Franklin cups his hand over Josh's ear and begins whispering his plan. And then, Josh's mouth opens wide enough to swallow a dentist.)

Josh: I can't do that! I'll get into trouble.

Franklin: You have to! It's my only chance.

Josh: But...

Franklin: No buts. Are you my friend? If you don't help me, I'll not be your friend!

Josh：Well... OK！I'll help you！

On Saturday morning

Mom：(in a flap) Something smells horrible and I don't know what it is. (look around in a panic) Your dad's outside checking the drains. (dad checking the drains)

Franklin：(smile)

(Dad and mom are outside.)

Mr Bragg (ring the door bell)：ding-dong ding-dong...

(Franklin lets him into the house，Mr Bragg stops and sniffs the air.)

Mr Bragg：Ugh，what's that disgusting smell？

Franklin：It's Saturday. The factory does fish pies on Saturdays.

Mr Bragg：(frown) Isn't the factory shut on Saturdays？

Franklin：No. Fish every Saturday. That's why we call this Stinky Street. D'you want to see my bedroom？

(Franklin open his bedroom.)

Mr Bragg：(point to a huge，dark patch on the wall) What's that？

Franklin：Damp. Mom made me cover it with a poster last time.

Mr Bragg：(snort) Hmm.

Franklin： (grin，point to a pile of brown lumps) Mind the mouse poo. It gets stuck in the carpet.

Mr Bragg：(pull a face) Urgh！

Franklin：(smile) That's nothing. Wait till you see what the rats do.

Mom：(At that moment，arrive and smile) How's it going？

Mr Bragg：(icily) Your son was telling me about the rats.

Mom：Rats？ What rats...

Franklin：(yell，point out of the window) Oh，no！

Mr Bragg：What is it？

Franklin：(yell) That horrible Josh Barratt's coming！Quick！Hide！

Mom：Hide from Josh？ Don't be silly.

(Franklin ducks behind his curtains.)

Mom：(amaze) Josh is a lovely boy！

(Josh bangs on the front door. He shouts football songs. He even burps through the letterbox.)

Mr Bragg：(gasp) Why you little...

Mom：Er... Would you like to see the bathroom？

Mr Bragg：(shake his head) You're joking. I'm not staying here another minute. (He runs downstairs and out of the door.)

(Mom and dad are very angry.)

Dad: You'd better explain what's going on!

Franklin: Er... well... I—

(There is a loud banging.)

Mom: (glare at his son) It's coming from Mrs Cox's house. Fancy getting an old lady mixed up in this.

Franklin: (cry) I didn't. I really didn't.

(The banging grows louder and louder, and Zack starts barking. Dad, mom and Franklin dash into Mrs Cox's house. Mrs Cox is lying by her stairs. Franklin helps his dad lift her carefully onto a chair.)

Mom: Mrs Cox, I think you'd better see a doctor. Maybe your legs are hurt.

Mrs Cox: I don't want to go there. The smell there is not good. And I'm not leaving Zack.

Dad: But...

Mrs Cox: Never mind. I am OK.

Mom: We'll call your son, Eric. And ask him to help you.

Dad: Excuse me, this is Mr Gates. Is that Eric speaking?

Eric: Yes, Eric is speaking. Mr Gates? My mother's neighbour?

Dad: Yes. Your mother's legs are hurt. Could you please come to help her?

Eric: Really? Oh, I'll come to help her.

Dad: Thank you. And please often come back home to see your mother.

Eric: I know. Thank you! Goodbye!

Dad: Goodbye!

Mom: Your son Eric will come to help you. And if you need any help, please call us.

Mrs Cox: Thank you for your help.

Mom: You're welcome. Neighbours are supposed to help each other.

(Mrs Cox was safe but Franklin knew he was still in big trouble. He ran back home and took the fish out of the back of the radiator. He vacuumed up the chocolate drops on carpet in his bedroom. Then he dried the lemonade on his bedroom wall.)

Franklin: Josh, I'm sorry I let you do these things.

Josh: Oh, my dear friend. Never mind. I'm your best friend forever.

Franklin: Thank you for everything.

Franklin: Er... Mom and dad, I'm sorry I did these things. I just don't want to move. I like here very much. But I didn't know things would go like that.

Mom: (upset) Franklin, you naughty boy. We know you love Stanly Street. We all do—

Dad: (firmly) —But there won't be space for all of us, when the twins arrive. We have got to move to a bigger house.

Franklin: (sadly) I know.

(Weeks passed but no one came to look at the house. Winter was coming and Franklin began to feel hopeful. Nobody wanted to move in winter, did they?

But one day, Franklin came home from school to find creepy Mr Bragg in the kitchen again. He'd found out about Franklin's tricks and he still wanted their house.)

Mr Bragg: (smile slyly) Those Gates have got to move. I'll get their house cheap! (give mom a piece of paper with a price on it. It was a very low price.)

Mr Bragg: (smirk) Let me know tomorrow if I can buy it. Make up your mind. No one else wants it.

Mom: (going pale) We'll think about it.

Franklin: (cry) Do we have to sell it to him?

Mom: I expect so.

Franklin: Oh my god! How could my mom and dad sell to Mr Bragg? I'm going to take Zack for a run. A long run. To Scotland.

Mom: Oh, dear.

(Franklin rings the doorbell, Mrs Cox takes ages to answer the door.)

Mrs Cox: (beam) I am coming round to your house! Is your mom in? I've got something to ask her.

Franklin: Yes! (He is trying to stop being licked to bits by Zack.)

Mrs Cox: Bring him back by tea time.

Franklin: I will.

Mrs Cox: I was talking to Zack.

Franklin: Let's go, Zack!

Mrs Cox: (leaving his house) How was Scotland?

Franklin: (crossly) Cold!

Mrs Cox: (grin) You'd better get inside and warm up, then.

Franklin: (grumpy) I don't know why Mrs Cox thinks moving house is so funny...

(Mom is dancing round the room with–yes–underpants on her head.)

Franklin: What's going on?

Mom: (laugh) Wait and see!

(It was Christmas time in Stanly Street. There was no 'For Sale' sign outside Franklin's house. Instead, there were piles of bricks and cement from the builders.)

Josh: That was a great idea of Mrs Cox's. You bought her house and knocked both of your houses together.

Franklin: (grin) —So we had one big house.

Josh: Then the old corner shop downstairs was made into a little flat for Mrs Cox and Zack. Now you get lots of bedroom upstairs...

Franklin: ...and Mrs Cox and Zack get a safe place downstairs.

Josh: So everybody's happy.

Frankin: Except Mr Bragg. He's bought number forty.

Host: So, that's a happy ending. Your problem is solved, right, Franklin?

Franklin: Yes, my problem is solved. That's all thanks to Mrs Cox.

Host: From your story, we know a lot, like neighbours need to help each other and so on. Thank you, Franklin. And that's all for our program. Thank you for watching. See you next time!

By 1207 Katherine's group

5

8-② The Personality Potion

(D-Danny Doolan; M-Mom; S-Sparrow; W-Duncan Wicks; T-Mrs Morgan; U-Uncle Hal; L-Laura; N-Narrator)

Kit Kane, Kid Detective

D: Ah-ha... Kit is cool!

N: Danny was reading the new book called *Kit Kane, Kid Detective*, and took a little bite on a chocolate fudge bar. That's his favourite.

D: Um... Yummy.

D: Kit was on the trail of the gangster, Slugs Malloy. Slugs had kidnapped Kit's girl, Susie, and taken her to a meat factory. He was about to put her in the mincing machine. Unless Kit got there soon it would be too late. Susie would be served up as meatballs. (read out)

M: Danny, what do you think you're doing under there?

D: Nothing. Just reading.

M: But it's only six thirty. It's nowhere near your bedtime.

D: I know. I just want to finish my book.

M: Why don't you go out? Call for one of your friends.

D: I don't want to. I'm busy.

M: Why don't you go over to the park? Go and play football or something.

D: Oh Mum! I'd rather stay here and read.

(Mum gave Danny one of her looks. The look that meant you're not normal.)

M: Why don't you behave normally? Or, it's normal for a boy of your age.

D: I can't help it. I just don't want to go out and play football in the park. I want to watch telly or read my book.

M: You can't spend your life hiding in your bedroom, you know. It's not... normal.(sighed heavily and shut the door.)

N: Danny got up and turned off the light. In the dark, he pretended he was Kit Kane sneaking into the factory to save Susie. He crawled on his hands and knees towards the bed. (Danny ACTING.)

D: Okay Slugs, this is the end of the line! (in an American accent)

N: He dived on his pillow and wrestled it to the floor. In the fight that followed, his fudge bar got a bit squashed—but it was all in the line of duty.

The empty seat

N: The next day. On the bus to school.

S: Hi, Danny!

D: Hi, Sparrow. But where can I take a seat?

S: Oh, dear. The only spare seat is there, next to Duncan Wicks.(look around)

D: (whispers) Wicks is in the year above and I always keep out of his way. I'd seen him pick on younger kids in the playground. He made them hand over their sweets or drinks.

S: (whispers) If they argued, Wicks gave them a wrist burn. He gripped their wrist hard and twisted his hand until they cried out. I bet it really hurt.

D: Oh, bad luck. So I think I should stand there rather than sit next to that monster.

N: But Wicks calls out.

W: There's a seat here, Specs. I'm not going to eat you.

N: Danny sat down.

D: Hu... I hated being called Specs.

W: (pointed to Danny's bag.) Got your lunch in there?

D: No, I have school dinners.

N: Wicks nodded. He pretended to be looking out of the windows. Then he made a grab for Danny's bag. (Wicks ACTING)

Danny held on, but Wicks punched him on the arm. Danny bit his lip to stop himself crying out. (ACTING)

W: Let's have a look then. (Wicks unzipping the bag.)

W: (look out Danny's lunch box.) Well I never—sandwiches! Your mum must have forgot you have school dinners.

N: Everyone on the bus was looking over now. Danny saw Laura Mills watching. Laura was in his year. With her springy black hair and dark eyes she was just the kind of girl Kit Kane would have as his girlfriend.

W: Um... Cheese and sandwiches. (turned up his nose and went to put them back)

W：Oh... This'll do. Thanks, Specs. (pulling off the wrapper)

D：That's mine! Give it back. (hopelessly)

W：(grinned and took a big bite) Mmm, not bad, Specs. You can bring me another of these tomorrow.

N：Dann turned away.In his imagination, he pictured what would happen next if he was Kit Kane.

D：I will stand up and pull you out of your seat by your jacket.

D：Why doncha pick on someone your own size, dogsbreath?

W：(stammer) D—d—don't hurt me.

D：I will swing you round my head three times and let go. Then you will fly through the air and land in the lap of a surprised old lady who bashed you with her umbrella. (The whole bus cheered.)

N：But that only happened in Danny's imagination. In reality, Danny sat there staring out of the window.

S：Hi, Danno. I saw what Wicks did to you on the bus.

D：Yeah.

S：He's just a big bag of beef.

D：Yeah.

S：I bet if anyone had the guts to stand up to him, he'd cry like a baby.

D：I didn't see you being so tough.

S：What could I do? I was only saying...

D：Yeah well, don't say—unless you're going to do something. That's the trouble round here. No one ever does anything.

N：Sparrow went away to hang his coat up. He looked hurt.

D：I don't know why I'd say that. I just feel angry inside. Angry with myself for looking stupid in front of everyone else.

T：Boys and girls. I have some news for you. Anyone who wanted a main part in the school play could come to the audition next Monday.

D：Oh, bad luck. I don't usually take any interest in the school play. Once, in my first year, I'd been a sheep in the Christmas play. All I had to do was go 'Baa!' and lie down to sleep.

T：This year the play is called Bugsy Malone. It has music and songs and, best of all, it is about gangsters.

D：I'd borrow Dad's old suit and wear a hat pulled down over one eye. I'd chew gum and talk in his Kit Kane accent.

D：I'd be perfect for the part of Bugsy. But it won't work. I haven't the nerve to try for the part. Standing up in front of everyone makes me feel sick inside.

The potion

N: On the way home from school, Danny stopped at Uncle Hal's. Uncle Hal was an inventor. This meant spending hours out in his garage making a noise.

D: Uncle Hal is great. The only trouble with Uncle Hal's inventions was that they never got finished. He always said they still needed "a little fine tuning". Then he forgot all about them and started on something else. I had liked the self-sucking straw which made milk bubble by itself. The underwater chess set had been another good idea. But Uncle Hal can't remember where he'd put it.

N: Danny banged three times on the garage door. It lifted up and there was Uncle Hal wearing a pair of purple glasses. The glasses had two small light bulbs on the top of the frames.

U: (touched a button behind his ear. The glasses lit up.) Clever eh? What do you think?

D: They're amazing .What are they for?

U: Seeing in the dark.(shut the garage door behind them. He turned off the lamp on his work bench.)

U: Now, imagine there's a power cut and you haven't got a torch. You switch on your Light Specs and—hey presto! —you can see.

D: Can I try them? (taking off his own glasses and switched on the Light Specs)

D: All I can see are blobs of light. They hurt your eyes. (disappointed)

U: I know. They still need a bit of fine tuning.

He switched the lamp back on and started to take his invention to pieces.

U: So, how was school today?

D: It stank.

U: Usual stink or anything special?

D: There's this kid called Wicks. He picked on me on the bus today. He's about ten times the size of me. He punched me and stole my fudge bar.

U: A big time crook, eh?

D: Yeah. And you know what I did? With the whole bus watching? I sat there and did nothing, like a dummy.

U: Very sensible, I'd say. Never take on a bully ten times your size for the sake of a fudge bar. After all, when did a fudge bar ever fight for you?

D: (shrugged) That wasn't the worst thing. They're going to do this play at school. It's called Bugsy Malone and it's about gangsters.

U: (raised one eyebrow) So what's so bad about this play?

D: Nothing, it's great. I'd like to be in it. I really want to be Bugsy .But I can't.

U: Why not?

D: I won't be able to do the audition. I'll be so nervous. I'll stammer like an idiot. No one's going to pick someone like me to play Bugsy Malone.

U: So you don't think you can get the part?

(D nodded miserably.)

U: Well, come and see me on Sunday. It'll take some work, but I might be able to help.

Sunday

N: Danny thought about it all week.

D: What could Uncle Hal do to help me get part of Bugsy Malone?

N: Early on Sunday morning he rang Uncle Hal's doorbell.

U: Ready?

D: Yeah.

N: Uncle Hal fetched two test tubes. In one was an inky green liquid, in the other some white powder. He measured a little from each carefully into a bottle.

D: What is it?

U: Something I've been working on all week. I call it my personality potion.

D: Personality Potion? (eyes widened) What's that?

U: It brings out the hidden talents that no one knows are inside you.You'll see.

(It frothed and fizzed.)

D: You mean this can help me get the part in the play?

U: You'll be brilliant.

D: But how do you know it really works?

U: See for yourself. Try it tomorrow.

N: He opened the garage door. Danny went out into the bright morning light, holding the Personality Potion tight in his hand.

Do I seem different?

D: (took off the lid and sniffed it then he took a small sip) Wow that taste is sweet and bitter at the same time. Let me drink some more.

N: Danny jumping out of bed, he ran to look in the bathroom mirror.

D: Oh, my head doesn't droop and my eyes are brighter than usual. I don't even feel worried about the day ahead at school.

N: Danny sat next to Sparrow on the bus. He could see Duncan Wicks on the back seat.

D: I hope that Wicks had forgotten about the fudge bar.

N: Danny had one in his bag but he didn't want to hand it over.

S: Let me tell you about the space film. That's perfect...

D: (looked over at Laura Mills .)Could she see any change in me?

D: Do I seem different to you?

S: (blinked at him) I was telling you about the bit with the aliens.

D: I know, I just wondered if I seem any different.

S: No. You've got green skin and three heads just as usual.

N: At break, Danny and Sparrow talked about the school play.

S: Mark Shaw would probably play Bugsy. He is captain of the football team and he gets chosen for everything.

D: But this time I might even try for the part.

S: You? You play Bugsy Malone?

W: (was on the far side of the playground and he was coming straight towards them)

D: (Quickly, he fumbled for the Personality Potion and took a drink) If it really worked I desperately needed it now.

N: A group of girls stood between Wicks and Danny.

W: (barges his way right through the middle, knocking one of them over.)

W: Specs! I've been looking for you.

D: Oh, have you? What for?

W: Where's my fudge bar? I told you to bring it today.

S: He must have forgot.

W: Who asked you, midget? (Wicks raising his fist.)

W: Fudge bar, Specs. You'd better have it.

D: It's in my bag... but there's one problem.

W: Oh yeah, what?

D: You can't have it.

(Wicks' mouth was open but nothing was coming out.)

W: Say that again.

D: I said it's my fudge bar. You can get lost.

N: A crowd was gathering round them. Danny could see Laura and her friends at the front. No one had ever told Wicks to get lost before, and they wanted to see what would happen.

W: (took hold of Danny's arm and started to twist.) You go and get it right now, Specs.

D: Sorry, no. I think you should lay off the sweets, Wicks. Your teeth are going green.

W: What did you say?

D: They're green. Everyone calls you Grotgums. (The crowd laughed. They couldn't believe their ears.)

W: (was furious. He started to twist Danny's arm harder.)

L: Let him go, Grotgums!

(Some one else took it up and soon the whole crowd was chanting.)

('Grotgums! Grotgums! ')

(Wicks stared round at them, his face as red ketchup. He liked to pick on younger kids when they were alone. ACTING)

(Wicks let go of Danny's arm and ran off.)

D: It is incredible. I had stood up to Wicks and survived. The potion really worked. It changed me into a different person, someone who could do or say anything.(whispers)

D: Thanks for starting that.

L: Serves him right for pushing me. Is your arm okay?

D: Yeah. It just stings a bit.

L: What got into? He could have murdered you.

D: I was sick of him. I had to do something.

N: At this point the bell went.

L: Well, see you later. Are you going to the audition this afternoon?

D: Yes... yes, I am. In fact I'm going to try for the part of Bugsy.

D: Oh I had spoken to Laura Mills. After a whole year, I'd finally spoken to her. And she hadn't laughed at me, she'd talked back. Oh I said I am going to the audition. I'd said I am going for the main part. The part of Bugsy. How could my mouth have landed me in so much trouble?

The big scene

N: A lot of people had come to watch the audition. They filled four rows of chairs. Laura Mills sat with her friend, Yasmin. Mark Shaw was there with his usual gang. Danny sat on his own.

D: Sparrow, are you going to the audition?

S: No, I can't bear to see you make an idiot of yourself.

(Wicks thought he was just the person to play a gangster.)

T: You can try that part.

N:But Wicks was the world's worst actor.

T: That'll do Duncan, thank you. Daniel Doolan, you're next.

Mark Shaw:Doolan? This should be really funny.

W: Oh, sorry, Specs, didn't see you there!

(The bottle spun out of Danny's hand and smashed in pieces on the floor.)

T: Come on, Daniel, you'll have to clear that up later. Now start there and read to the bottom.

D: Ehurrh!

(Looking up, he could see Mark Shaw and his mates in fits of giggles.)

W: Speak up Specs, can't hear you!

(L was glaring at Wicks. Then she looked straight at him and nodded.)

L: GO ON!

(Danny took a deep breath and started to read.)

N: After a while he realized that the giggling from the back rows had stopped The hall dad gone quiet. Everyone was listening. And he was doing it! He was saying the lines in the American accent he'd practiced hundreds of times under his bedcovers. The longer he went on, the better it sounded.

T: Well done, Daniel! I had no idea you were hiding all this talent.

N: Danny went off in a daze to clear up the broken glass.

T: Next is Laura Mills.

D: Go on. It's easy once you get started.

The truth

N: A few days later.

U: Danny! You're just in time!

D: I can't see, Uncle Hal. Turn the light on.

N: But Uncle Hal took off Danny's glasses and replaced them with another pair. There was a click and two small beams of light lit up the room.

D: The Light Specs! You finished them!

U: That's right. They just need a little fine tuning.

D: You're a genius, Uncle Hal. That Personality Potion was amazing.

U: You mean it worked? You got the part in the play?

D: You're looking at Bugsy Malone. You should have seen Mark Shaw's face when Mrs Morgan told everyone.

N: And Danny went on to tell Uncle Hal the whole story of what had happened with Wicks and the audition. Laura had got a part as a singer so he'd be seeing her all the time.

D: It was funny though. I did the audition without drinking the potion. I suppose I must have still been feeling the after-effects.

(He looked at Uncle Hal who was grinning like a cat that's got the cream.)

D: What? What's so funny?

U: Shall I show you what was in that Personality Potion? Green food coloring and bicarbonate of soda. That gave it the fizz. Your aunt uses them to make cakes. That's all I put in the potion.

D: You mean it was all a trick? There wasn't really a Personality Potion?

(U shook his head, still grinning.)

D: But how come it changed me? I was a different person.

U: Because you believed in the potion. But really, you were just believing in yourself. There was no magic.

D: Wow! I'd meant to ask you for more of the Personality Potion. But now it turned out that I don't need it. From now on I'd just have to manage on myself.

D: I suppose, when you think about it, I must be fairly normal really.

U: Normal? Who wants to be normal? (putting on his purple Light Specs.) I'd say anyone who's playing the lead part in the school play must be pretty special.

By 1208 Sylvia, Kelly, Yileen, Mike

6

8-⑨ Climbing in the Dark

Author: Nick Warburton

Illustrator: Martin Cottam

Teammates: Lily, Mary, Harry, Ariel, Sam

(*T-Tess; H-Hutton; G-Gooch; M-Mistress; F-Fry; W-Will*)

Scene 1

(at Tess's home)

Mom: Come here, Tess.

T: What's the matter, mom?

Mom: Tess, you know, we are poor. And you are twelve now. So we found a job for you.

T: (take a deep breath) What can I do?

Mom: (having a relaxed smile) Good girl, you will be a housemaid to a gentleman's family. You should go there next Monday.

T: OK.

Scene 2

(next Monday; in front of the gentleman's house)

T: (stare at the big door) What a beautiful house! (knock at the door carefully)

H: (open the door)

T: Please, ma'am. I'm Tess...

H: Oh, the new housemaid. But you've come to the wrong door, girl. Only proper visitors come to this door. The servants come in by the door round the back.

T: I'm sorry, ma'am. I didn't know.

H: And don't call me ma'am. I'm a housekeeper, not a lady. You must call me Mrs Hutton.

(she pulls Tess into the hall and shuts the door.)

H: You'll sleep in the attic. But first you must come down to the kitchen and have some milk. Then I can tell you all you need to know.

(Tess nods.)

(They cross the marble hall. A severe looked man hurrying down the stairs.)

H: (curtsy and stand quietly) Good morning, Dr Gooch.

G: See that the coach comes to the door at three this afternoon, Mary. We're taking tea with the Athertons. (He stops and notices Tess.) And who is this?

H: This is Tess, Dr Gooch. The new housemaid.

G: Tess, Good. If you're a good girl you will be happy here. (He turns around and goes out.)

(The door bell rings.)

H: My stars, it's the mistress, back from her walk.

M: Stand still, Belle! (She hands her cloak to Mrs Hutton.) This silly creature has been rolling in all the puddles, Mary. Look at the mud on her ribbons.

Harriet: She was only enjoying herself , Mama. I can soon clean her.

M: No, Harriet, you cannot. Young ladies don't scrub dirty little dogs like this. (She thrusts the dog at Tess.) Here, take her away.

(Harriet sighs.)

M: And don't sigh like that, Harriet. Young ladies never make such ugly sounds. (She goes up to the stairs.) That silly creature has quite tired me out. I must take a nap.

Harriet: Oh, Mary, you see, I'm never allowed to do anything. I have to be so pretty and polite all the time. I hate it. (Then she looked straight at Tess.) Oh, you're new. What's your name?

T: Tess, Miss.

Harriet: May I help you, Tess? Please?

H: Go on, Miss. Up to the nursery, or I'll get it in the neck from your Mama.

Harriet: Nursery! I hate that too. Perhaps one day something interesting will happen in this house.

Scene 3

(Tess and Mrs Hutton sit in the kitchen.)

H: You can give Belle a scrub out in the scullery. It'll be your first job.

(At that time, a high-pitched scream comes from the other end of the corridor.)

H: Oh, it's Miss Harriet. Come along, Tess. We must see what's up.

Harriet: Help me, Mary, please. (She crouches in a corner, her hands over her ears.) There, there's a creature in here. A monster... (She points with a shaking finger and they see a black heap on the floor.)

H: Hey, It's only Will.

T & Harriet: Will?

H: The chimney boy. He must've fallen down the chimney and knocked himself out.

Harriet: I don't care what it is, Mary. Just get rid of it.

H: He's not an 'it'. He is a boy.

F: Miss Hutton, did you see that rat? I'll find him and punch him.

H: Maybe he is just having a rest.

F: NO. He's gone up! I must find him. (Then he ran away.)

W: Where am I? What's going on?

H: You're in the nursery, boy. You've come down the wrong way.

(Just at that time, Miss Harriet wants to pull the bell.)

H: No, Miss Harriet. Calm yourself, Miss. Will has hurt himself, and we can't go giving him back to old Fry just yet.

Harriet: Why not?

T: Because he'll beat him, that's why not.

(Mrs Hutton prickes her thumb at Tess.)

T: Can't you see he had a fright?

(Will is shaking and he starts to cough.)

Harriet: What a poor boy!

H: So we can't hand him over just yet, can we?

Harriet: No, Mary. We certainly can't.

(Just then there are heavy footsteps in the corridor. Tess runs over to the door and peeps out.)

T: It's Mr Fry. And Dr. Gooch. They're trying all the doors!

H: Then we must hide the boy.

Harriet: And we must clear up this mess. Put him in the toy cupboard, Mary. And Tess, help me to tidy up!

H: Yes, Miss. Right away, Miss.

(Door slams)

F: He must be here. We've looked every other blooming place.

G: Please, sir. Control your language in front of my daughter.

F: Beg pardon for barging in, missie, but have you seen a rat-faced scrawny bean-pole pass through?

Harriet: A what?

G: Mr Fry's boy has gone missing. Has he been here?

Harriet: Of course not, Papa.

F: That's odd then. The boy goes missing , and there's scream in this room...

G: Mr Fry, if my daughter says she has not seen him, you may take her word for it. I suggest we go downstairs and look there.

W: Aaaa—cho—

F: Got you, you scheming bag of bones! (He grabs Will by the shoulder.)

G: (frowned at Harriet) You must know he was there, Harriet.

W: She didn't, mister. I'd myself and she didn't know nothing about it...

G: Shut up. Take him out, Fry. Harriet , I shall speak to you about this later.

(Fry drags Will to his feet.)

H: We've made it worse for the lad now.

T: And Dr Gooch could turn me out for this.

Harriet: He can't!

H: You know he can, Miss Harriet, and you know what it'll mean if he does. It'll be end of me.

(She took apron in both hands and buried her face in it.)

Harriet: (He turns out Mary) I shall run away. But we must find that boy first.

(She stares out of window.) If only we knew where Fry lives.

Harriet: Hey, do you hear that? It's Fry's cart rolling down the street. With his name and address painted on the side. Now we know where he lives!

T: Where is it, Miss?

Harriet: A place called Cobble Yard. Do you know where that is, Mary?

H: Yes, Miss. It's down by the river, near the big bridge.

Harriet: Then you can go there, and find the poor Will.

T: I know Cobble Yard, Miss Harriet. Will you let me go? Please, miss, I can be ever so quick and nimble.

H: No, Tess. This is your first day and...

T: But Mrs Hutton, I know the place. And I'm young and I can nip about so no one knows I'm there.

Harriet: That's right, Tess. You must go. Thank you , thank you.

(Tess takes a deep breath.)

Scene 4

(Mrs Hutton takes Tess down to the back of the house.)

H: There's a canvas sheet at the back of the carriage. Nip under that, as quick as you can.

You're a brave girl, Tess. Thank you. Go now. And good luck!

(Then Tess runs, as quickly as she can, and curls under the coach.)

Harriet: Tess, it's me. Harriet. Fry's house is just over the road. There, can you see?

T: But your father, won't he...?

Harriet: He thinks I'm looking for my handkerchief. Jump out, Tess, before they come looking.

(She takes Tess's arm and helps Tess out.) Papa's coming. Run, Tess.

G: What's the matter, child? Where is your handkerchief?

(Tess runs into a narrow lane. She finds Fry's house and creeps in.)

W: Don't 'it me again, mister... Let go of me!

T: It's me. It's Tess.

(Tess pulls Will towards the door.)

F: Thief! I'm being robbed.

T: Get out, Will! Get out!

(In a twinkling, Tess locks Fry in that little room.)

F: Let me out! Let me out of there!

(Tess takes Will by the hand and runs.)

G: What do you think you're doing?

Harriet: Oh, Tess. You've got him.

G: This is disgraceful. You have no right to do this...

Harriet: But I told you, Papa. That man is cruel.

G: Where is Mr Fry now? What's that noise?

T: It's Mr Fry, sir. I've locked him in.

Harriet: Oh, well done!

G: Quiet, Harriet! I think I'll call the police. She led my daughter astray.

T: Please, sir, no.

G: I will let you off this time, girl. But I cannot have you in my house. Do you understand me? OK, now take me to Fry.

W: Please! Don't make me go back!

G: Now, boy. You know you must.

(Gooch puts a hand on Will's shoulder, and Will twists away. His rag of a shirt is pulled to one side.)

H: How did you get those marks?

W: My master beat me, Miss. For being so bad. Please, don't make me go back.

G: Did you know he was beaten like this? Well then, I think you'd better show me where this man Fry is.

At last, Tess didn't lose her job and Will didn't go back to Fry's house. He became a new servant whose job it was to clean the shoes. The happy ending!

By 1306 Lily

Part IV Works of Literature(文学作品)

1

A Letter to My Friends on the Earth

(Based on 6-③ Oh, Otto!)

Dear friends,

I'm happy to live with you at the earth school. I forget some little things. But I still remember the first day I came to school. I didn't know anything. So I made lots of mistakes. I'm sorry about that. I still remember the "Treasure Hunt". It's really interesting. Now I think we are good friends. But in the outer space there are many people waiting for me. So I'm sorry that I must leave. Because I'm so different from other people and being different makes life so difficult. I will remember you all the time.

Yours Otto

By 1208 Lisa

2

Pippa Jones' Diary

(Based on 7-⑦ The Wrong Letter)

My name is Pippa Jones and I love ponies. One day, I got a letter and it said that there was a Junior Cup Final at Redland Park. I was very happy about it because I could ride my pony Blossom there.

On Saturday morning I rode Blossom to the Redland Park. On my way there, I saw a girl in football kit with a football. I didn't like football so I didn't like her, either.

When I got to the park, I felt puzzled. Where were the other ponies? There were only some footballers kicking a ball. At that moment I knew that I got the wrong letter. This letter is for my neighbour, Flo Jones. The team captain made me play in the goal. I was terrified because I never played football before. I changed into a fat kit. It was awful—the laces always tripped me!

The stupid game began, but I didn't know what I should do. The laces tripped me again and again and I hurt my leg. 'Stupid football! Stupid football game! I want this game to finish! I want to go home!!! ' I thought crossly. But the game went on. The ball flew straight to me. I kicked it away, but it was a goal! Everyone cheered me and I got a sliver cup. It was unbelievable!

Finally, covered in mud, I set off home. I met the girl who I had met in the morning. She was covered in mud too and held a silver cup. She was Flo Jones. We told each other what had happened and we became best friends.

The wrong letter didn't only bring me a silver cup and a good friend, it also gave me a new hobby—playing football. Isn't it amazing?

By 1402 Mao Ziyi

3

Queen Norah Found out the Secret

(Based on 6-⑧ The Masked Cleaning Ladies Meet the Pirates)

1

There was a knock at the castle door. The king opened the door. There was a postman standing in front of him. 'Here is a letter for you all.' he said, 'Two cents please.'

King Harry gave him the money and got the letter.

He opened the letter, and got a surprise. It said:

Dear Harry,

Next Monday is my birthday. I am going to hold a party that day. King Fred, King James and King Jack will be coming. I hope you can come here and have fun with us. We will be out hunting that afternoon. So please take your captains round here.

King Charles

'I must go there.' King Harry thought, 'It's a party of all kings. Although King Charles is such a cheat, I must keep friendly with him.'

King Harry put the letter in his pocket. He didn't care about it. He walked into the dining room. He saw Captain Jones and Captain Smith having breakfast at the table.

'Good morning, your majesty.' said Captain Jones.

'Good morning.' King Harry smiled. He put the letter on the table and began to eat his nice breakfast.

'What is this? ' asked Captain Smith.

King Harry wiped his mouth. 'It's a letter from King Charles;' he said lazily, 'His birthday is coming soon. And he wants you two and me to go there to join in the party.'

'When is his birthday? ' Captain Smith asked.

'Next Monday.' answered King Harry.

'That's really bad news. ' sighed Captain Jones.

'What do you mean by that? ' asked King Harry in surprise. 'King Charles is going to have his fortieth birthday. It's a very good thing. Why do you say that? '

'No, no, no... I don't mean that.' explained Captain Jones, 'Don't you forget what we should do on Mondays? '

King Harry went pale. A few moments later, King Harry whispered: 'So, what shall we do then? '

The dinging room fell silent.

Another knock broke the silence.

Captain Smith opened the door. There was a newspaper on the floor. He picked it up and walked in. 'Hey guys! A gang of pirates had robbed eight ships in one day. Oh, it can be a new world record! '

'Really? ' said the King. 'Let me have a look! '

'Pirates.' yelled Captain Jones, 'Pirates! Oh, Yes. I have got an idea! '

'So, what's your idea? ' asked Captain Smith.

'Do you remember those three pirates? ' asked Captain Jones.

'Don't you mean those "cleaner pirates"? ' said the King.

'Yes.' answered Jones, 'And they can be the cleaners again.'

'What a great idea! ' wailed King Harry.

'But if they steal the royal treasures...' said Smith.

Captain Jones interrupted, 'That's impossible. The guard will catch them.'

'But...' began the Captain Smith.

'No buts.' said the King, a little bit angry. 'You are no good as Captain Jones. You should keep silent.'

Then he returned to Captain Jones, 'OK, my dear Jones. Write a letter to the pirates as quickly as you can.'

'Yes, Your Majesty! ' Captain Jones said proudly.

2

The pirates received the letter.

'So, ' said the first pirate, 'What shall we do? '

'We can do as they said.' said the second pirate, 'Then we can get some money by doing the cleaning.'

'Never.' wailed the first pirate. 'He has caught us for twice. He made us laughed at by other pirates. Now he wants to use us. That's impossible.'

'Then, we can use this chance.' said the third pirate. 'We can agree to his request. When we get into the castle, we can grab the stuff.'

'That's really great.' the first pirate beamed with joy. 'King Harry, your ending is coming! '

Next Monday.

The pirates dressed up as cleaning Ladies and came to the castle. King Harry and his two captains left to join in the party.

The pirates scrubbed, washed, polished and dusted. At the same time, they watched all the ways and rooms in the castle. After the Queen had just finished the lesson to the princess, they were asked to polish the Royal Treasures.

'I will pay more money if you a good job.' laughed Queen Norah.

'What a silly woman! ' whispered the first pirate. 'She doesn't understand her husband at all. She even didn't find out the secret...'

'Right lads, ' said the third pirate, 'Let's grab the stuff.'

They stuffed the treasures into their apron.

'We can't go to the main hall again.' said the first pirate, 'I've found a secret way. Follow me.'

The three pirates ran towards the secret way.

'Not so fast! ' wailed a guard, standing in the middle of the road.'Captain Smith has told us to wait for you here. Now give those treasures back. Or, I'll kill you.' The guards held up their guns.

The Pirates had been scared. Slowly, they gave the treasures back to them.

3

The guards took the pirates before Queen Norah.

'So, ' said Queen Norah, 'It seems that they did something wrong, right? What did they do? '

'They had stolen the royal treasures.' answered the guards.

'What? ' Queen Norah went pale. 'You mean them? I can't believe that. Are you really the cleaning ladies? ' She pointed at the three pirates.

'Please, your majesty.' said the first pirate, 'We're not the cleaning ladies. We are a gang of pirates.'

'What? ' yelled the Queen.

'Yes, ' the pirate continued, 'and your husband King Harry and his two Captains are the cleaners.'

'What? ' wailed the Queen, 'Is it true? '

'Y... Y... Yes .' said the pirate.

The Queen looked furious, 'Harry, your acting is so good that I even believed you. I never thought that you're cheating me. Your ending is coming soon! '

She put the treasures back to the room and put the pirates into the dungeon.

4

'Tra~da~da~daaa~'

King Harry and his two Captains were back. They had just finished hunting. They're all tired.

'Good morning, my dear heart.' said King Harry.

'Good morning, my dear cleaners.' said the Queen. 'How are things going on? '

"Wonderful. The food and the service are all nice, especially...' Suddenly, King Harry went pale, 'Wait a minute. What do you mean by...? '

'You know it better than I do.' Queen said coldly.

'I think that you'd better explain.' said the King, 'We don't know it at all.'

The Queen blushed off. She looked fierce, 'Now, guards.' She roared, 'Take the pirates here at once.'

A few moments later, the three pirates were all here, standing before the King.

'It seems that the pirates have told Queen Norah the truth.' whispered Captain Jones.

King Harry felt very angry. He took out his knife.

'It's not time to finish those pirates.' yelled Queen Norah, 'It's your turn to explain what has happened.'

Sadly, the three men told all the truth.

'So, ' said Queen Norah, 'Captain Smith did a good job of stopping the pirates. You don't have to set out to fight dragons.'

'But you two, ' continued Queen Norah, 'You cheated me for a long time. You must go on a year's dragon quest, and find a new cleaner.'

'It seems that you are smarter than me.' whispered Captain Jones to Captain Smith, 'Good luck, guy.'

Sadly, King Harry and Captain Jones set out for a year's dragon quest. And the castle became dirty again...

By 1207 Roy

4

Grace's Diary

(Based on 8-⑩ Grace the Pirate)

1st July, 1721

I was almost alone when I crawled up the beach, half drowned, scared and very angry. I lay there for ages. My heart was still beating from what had happened—the fear of barely being torn into pieces by a big white shark. The sun was shining brightly and the sand was so hot that I felt like a grilled fish.

To make myself feel cooler, I just wandered around the island and found some shadowy area under the tall palm trees to plop myself down. I could smell the pleasant smell that came from the coconut and some fruits like bananas. I wanted to get some, but I was too exhausted to reach out my hand for higher spaces.

My mind started spinning. All the pictures were racing through my head: First the sight of a pirate ship and a gang of most tough and mean villains, then that stormy night which was full of challenges for me to deal with. After that were the jeering faces of the pirates and the heaving waves and an extremely big mouth of an extremely scary shark. And at last, I was here!

So what? What AM I going to do?

I didn't think much actually, 'cause I knew it was a desert island where nobody could save me. I could just rely on myself though it was going to be very hard for a lonely girl. But I am not a coward who will give in to their fate. I'm Grace Barry, a girl who will show those villains that she will be able to survive. I'm going to make it! The sun will rise as usual tomorrow, and my life's gonna continue. I'll make everyone live to remember me.

In order to embrace tomorrow's morning glory, I had a good sleep with the leaves of a date palm covering my belly. I don't wanna catch a cold. I must be healthy and happy ever after. I'll live for sure and enjoy a better life for myself!

By 1208 Class B Yileen

2nd July, 1721

I was too hungry to run. So I decided to find something to eat and then explore the desert island on my feet. Then I saw that there were bananas, coconuts and date palms. I was very happy and excited. I shook off my tiredness and skinned up a coconut palm. Umm, the coconut on this island was the best I ever ate. After I ate 6 coconuts, I climbed onto different kinds of trees and piled up dates and yellow-green bananas. Now at least I have food and I won't starve to death.

In the afternoon, I moved the fruits I got into a place which I thought quite clean. And I broke off several broad green leaves as fans because the weather was very hot. And I found that exploring in the island wasn't a bad thing. At least it could improve my living skills.

At night, I decided to sleep under a strong tree. I hoped I wouldn't be eaten by some dangerous animals.

By 1208 Class B Sylvia

3rd July, 1721

After I solved the problems about my food, I thought I should have a small house to live in, so I combed the beach for my equipments. It was easy. I soon found some branches, a sun-bleached oar, and some wood and grass. I felt really happy because I had had some experience in making a house in my hometown. So I used wood for the walls, and covered it with the branches.

Though it isn't a palace, at least it'll save me from the worst of the rain wind and sun. I felt really warm after it was done.

By 1208 Class B Mike

7th July, 1721

This is my seventh day on this island. There is still no sign of any ships. Those cruel men, you'll remember me for sure!

These days I am quite busy. For a week I only have some fruits and vegetables to eat. I can't stand them any more. I've hated those stuff since I was born. So I am going to find some new food to eat.

And there's another job for me, that is to make my little wooden house stronger and more beautiful. I used two pieces of wood to make two wooden doors for my house.

Later I found out another problem—I don't have light for dark nights. Soon I had a great idea when I saw a kind of insects—glowworms. I caught some and made them into a little nature light. Isn't it clever?

But one thing made me feel very sick. That is loneliness. I don't have anyone to talk or play with, not even a wild animal. Oh! I remember there is one in my house—the sea fleas. I always watch them bouncing up and down on my lovely new mattress when I am free. And it's also my only entertainment on the island.

After all I'm quite pleased with my life as the owner of an island, even if it's a wild one.

It's late now. Tomorrow is a new beginning!

By 1208 Class B Kelly

15th July, 1721

Aha! Today's weather is great. I haven't enjoyed this kind of sunshine for a long time. I sat on the warm sands near the sea. The clean water brought many beautiful fish. Then I thought: If I can catch some fish to eat, that'll be nice!

But I needed a fire to cook them. Where can I get the fire? I remembered I took some glasses in my pocket. I hope it is safe. It can help me. Unfortunately it was broken. But it could still work for me. I collected some dry leaves, wood bark and stones. Then I found a place where sun was dazzling. I enclosed a circle by stones and put dry leaves and wood bark in it. I placed the broken glass between the middy sun and the dry leaves. I sat down waited. My arm felt real dull pain. But I couldn't give up. I knew how important fire was and how much fire could help me. So I told myself to be patient.

Many minutes had gone. There was still no sign of fire. When I nearly gave up, blue-grey smoke began to drift upwards. I nearly jumped up. I really hoped to share my happiness with someone else. Oh! No one else except me. Then all of a sudden flame burst out of the fire. I added more wood. I can use fire!

I jumped around the fire again and again. I put some fresh leaves on the fire. Then it wouldn't be wiped out by wind.

Next I was thinking to find a long twig to be my first fishing rod. Then I found it. I twit my earrings and tied them to string. It's my fishing line! The sky was nearly dark. I think I should go fishing tomorrow!

By 1208 Class B Group Phoenix

1st September, 1721

I remember it is a day for teenagers like my age to go to school. Perhaps now I should be sitting in a new classroom with white painted wall, brand new curtains and teachers I have never known. And I might see some of the classmates in my junior school. We chat about the old days and talk about our future. But it seems that I don't know anything about my school life. I forget all the names of my friends and teachers. What a pity! Now I am alone in this silent boring world. Nobody can chat with me, play with me. How terrible it will be if I stay lonely every day! I can't spend my life like this.

So what else can I do besides barbecue and going fishing. Oh! Aye! What about having an exploration of this island? Great idea! Then I may write a discovery diary, like Robinson Crusoe. Aha! Then I started to have a fancy trip of this mystery and unknown universe for me.

Do you know the feeling when I found a large clearing? It was like Columbus Christopher found the new American land. I stepped into it... I didn't cry because I was afraid to wake up the soul. But I did feel surprised about it.

There lay a skeleton. It was sleeping deeply. I had never seen a real skeleton before. Full of questions and disbelief, I stepped back. But then I suddenly calmed down and told myself: Fancy being scared of a dead person. Don't be a coward like that.

Then I told myself: There must be a lot of secrets here, aren't there?

By 1208 Class B Lily

8th September, 1721

It's very hot today. On this island, everything stays the same.

First I picked some dates and bananas for breakfast, then I split open a coconut on a stone to drink the sweet milk. After that, I went to the other side of the island to get some fish. It was easy work for me. Soon I caught some fish and a lobster. I waited for my friends, Billy and Nanny, to come and gave me something to drink as usual. I looked at the sea, still no sign of any ship. Sometimes I felt really lonely, but the two goats don't know what I am talking about. I really miss my good old days.

I have to mention the skeleton I found some days ago. It was still there. The sun shines on its white bones, making me feel sick inside. Suddenly I found there was a small wooden box clutched in its right hand with a piece of paper. I opened it and was very surprised to see the faded writing on it.

On the paper, there was his name—Ben Budd, who was marooned by pirates in 1673. He hoped someone could bury his bones and take his treasure. It was no use where he was going. I opened my mouth wildly for a long time and stood quietly beside Ben.

Before I got to sleep, I thought about that again and again and let out a long sigh—Poor old Ben.

What was waiting for me?

By 1208 Class B Amy

9th September, 1721

Dear Diary,

Yesterday, I was quite shocked because of the unexpected paper and the poor skeleton as well.

I'm curious about the "treasure" mentioned on the paper, but I don't think it will be useful especially for a person on the island. But it will help to kill time.

I followed the paper to find the right place. Then I began to dig. I used a stick to brush away the loose earth. It was not as difficult as I thought.

So I only spent a few hours doing this work. Now, I could see the big wooden chest in my sight. It seemed very ordinary. I lay down on the soft grass and drank some milk.

I don't really want to open it today. Let me leave this kind of feeling to tomorrow.

It doesn't really whether I can open it. If I can't survive, that means nothing.

By 1208 Class B Cherry

10th September, 1721

It was a sunny day. My heart was full of puzzlement. Yesterday, I found a wooden chest. Today, I wanted to know what was in it. Oh, it was good. The metal clasp had long since rusted away. So it was easy to force open the lid. To my surprise, they were all golden coins, rubies and other treasure. My eyes couldn't open in a short minute. In a few minutes, I lay on the ground. Shiny treasure made me feel dizzy. But this feeling just did not last for long. When my eyes opened again, I felt my eyes were much clearer than before. They were beautiful and graceful. I only saw them before when I was young in a very very big shop and some rich people would buy them. I have never seen so much money, even though I have lived in this world for 15 years. I never saw a chest full of money. And I don't know how deep it is. I started to count it. I couldn't remember one hour or two hours passed, but I still kept counting. What an enormous number! I put both arms up to my elbows into the treasure. I imagined that thickle through my fingers like running water. It felt really great.

By 1208 Class B Lisa

11th September, 1721

Yesterday, I dug out the treasure from Ben Buddy. There was so much gold. I'm still in the big shock. Although they were no use for me, I still wanted to thank him for the treasure. So I dug a big hole that is big enough for a man to lie in it. But I was too tired to put the skeleton into the hole. And it was already evening. I had to fish for my dinner. So I will do it tomorrow.

By 1208 Class B Jim

12th September, 1721

Oh, my god! The nunny fell into the hole that I dug yesterday. I had to save her. I tried my best to take her onto the land. It was already at noon. So I ate a quick lunch, then I put Ben Buddy's skeleton into the hole, and put the soil on it. Also, I cut a part of the tree to make a grave for him. I think I'm very kind to him.

By 1208 Class B David

20th September, 1721

It was a sunny day. I have stayed on the island for weeks. I haven't written a diary for a long time. No ship has passed by. So I'm still on this desert island, eating fish coconut and drinking some milk. Food is enough, and I have two friends—Billy and Nunny. I am not hopeless like before. I think I can stay here longer. Because I'm not alone. Today, as usual I went to the beach to see if there was a ship passing by. To my surprise, I saw a dim shape of a ship just now. I will go closer and shout for help. Can people on the ship hear me? I don't know. After all, I have a chance to survive. Thanks for God!

By 1208 Class B Alan

21st September, 1721 Windy

Today, the wind made me think of many things.

I saw my palm trees this morning. Already 33 weeks I thought. No one came to save me. But I am still alive. This is my only hope—my life. I think that I can wait. I can do many things. Look at what I did during these days: I built a home for myself, which was hard enough. And I found two friends Billy and Nanny. Although they can't talk, they can give me something important like milk. And I can make food. But I still want someone to save me. But maybe I should stay on the island at present. What if an earthquake happens or some cruel animals come? I'm not strong enough to fight against them.

By 1208 Class B Harry

22nd September, 1721 Sunny to cloudy

As time goes by, I really feel bored. The life here is almost the same. I really wish that Billy and Nanny could speak, then maybe I'll feel better. And I really hope something different will happen on this island.

And today, I have counted my shells twice. At first, I found out I have 539 shells, but the other time I have 546 shells. Maybe I need to count them again tomorrow.

It seems tomorrow there will be a big storm, because the mist rolled into my island this afternoon. I'm glad that I have a safe house and I still have some tiddlers to eat.

By 1208 Class B Ivy

23rd September, 1721 Sunny

Haha, what a great day today! In the morning, when I walked on the beach, I could feel the warmth of the wind which blew on my face. I could also feel the taste of the sea. Umm, comfotable! When I was taking a relaxing walk as usual, suddenly, something bumped to my feet. It was a wish bottle. I opened it to see what was inside. To my surprise, there was only one word on the paper: HELLO. What? What's that? It must be a joke! But who would like to play a joke on me? I am on a desert island where there are no people. Is that the god? Or someone else? I kept thinking all day. Then, in the afternoon, I realized that maybe it meant there was someone near me. Maybe I can survive. What good news!

Yes, I'll survive, maybe tomorrow... Anyway, I find light in the dark. Thanks, god, you have opened another door for me.

By 1208 Class B Katherine

24th September, 1721

This morning I spotted the dim shape of a ship sailing through the mist. How lucky I am! I thought. But my heart sank as soon as I saw the skull and crossbones on the mast. It was the hated sea devil.

Then a question struck my head. Did they come to make sure I was dead? Maybe Cut-throat couldn't risk me giving evidence against him? But I had nowhere to hide. I stood, waiting for the worst. To my surprise, they wanted me to be their captain. They told me about their life after Cutthroat had gone. I forgave them and agreed.

That's the end of my life on the desert island.

By 1208 Class B Nick

5

The Long Night

(Based on 8-⑪ Air Raid)

As the moonlight shone down, they waited as if made of stone.

Harry looked up into the sky. It was a beautiful night, if the disaster hadn't happened. It was a full moon, and the moonlight made everything look as bright as day. You could see some tiny stars in the sky, twinkling and shining.

He started to think about many things in the moonlight, what will happen to him, to his little brother, to their dog, Raf? Will they have a chance to go out of there? Or be blown into pieces with the bomb? What if they hadn't taken Crown Street? What if they hadn't rescued Raf? What if they hadn't gone into the wine cellar? What if the war hadn't happened?

Suddenly his mind stopped tuning as a washing machine with some things that happened just now; he started to think about this word "war". If the war hadn't happened, maybe the life would be really good. Dad didn't need to go to some secret places to be a special engineer. The owner of Raf wouldn't have died. And our life wouldn't be so terrible; we'd never have chance to be face to face with the horrible bomb.

Harry stopped. He knew he had to stop. He needed to say something, to calm his little brother down, also himself.

"Hey, Jack, look at the sky. It's really beautiful! " He whispered.

"Yeah." Jack seemed scared and even didn't dare to gaze at the sky.

"Don't be so upset. Let's do something interesting." Harry tried to cheer him up.

"But I can't control myself. I'm just thinking, what if we can't see mum? " Jack's voice shook.

"Don't be daft, Jack. We'll soon be out of there. We'll see our mum, and also Crystal, I know you love her very much." Harry joked.

Jack's face looked like an apple which was really red. "NO, I..."

Harry cut in, "I got you, don't tell lies to me, I am your brother."

But they just fell in silence again.

"Pud, Pud, Pud."

"Hey, Jack, listen, what's that? " Harry said urgently.

"It seems like someone was passing by.'

"Yes, we need help."

"But what shall we do? "

Harry started to wave his hands, so did Jack.

But it did no use. No one saw them.

"That's the life. Every time I thought we'd soon win, we'd soon be back home, it never came true. We are just cheated by life again and again. Every time I thought I saw the light in the dark, but it was just fire, we jumped into the fire again and again." Harry whispered.

"Yeah..." Jack's face went pale.

Harry realized he had just said something wrong.

"But we'll be out of there, I'm really sure." Harry pretended to be confident and brave.

"But..." Jack wanted to say something.

"No buts, you just believe me." Harry sounded determined.

"Yes. That's what I used to do. You are such a great brother. You know I am weak. And you always help me with my study, and help me fight with the bully. You will always give me the best things. You are the best brother in the world. I am really really glad to have you. I will always believe you, because I know you are the one I can trust."

"Am I really so great? "Harry smiled, but he felt really guilty. He's led his little brother to the wrong way. If it was not him, maybe Jack would have been back home on time, and so many disasters wouldn't happen. He just hoped Jack could be out of there, even if he himself couldn't. He said it to the god, so quiet that Jack didn't hear.

On the other side, Jack was also hoping the same things; he just hoped Harry could be out there. He just thought about many things that happened in their childhood: Every time Harry played with him, every time Harry gave the best things to him, every time Harry helped him lie to father and mother, every time they were together...

In the moonlight, the two boys were both thinking about something.

By 1208 Ivy

6

If All the Students Were One Student...

If all the test papers were one paper,
What a great paper that would be!
If all the scissors were one pair of scissors,
What a great pair of scissors that would are!
If all the students were one student,
What a great student he would be!
If that great student took that great pair of scissors and cut that great test paper,
What a great pile of tatter there would be!

By 1305 Dino

7

Whose Fault Is It?

——For child labor

(Based on 8-⑨ Climbing in the Dark)

When we are playing in the sunshine,
They are working with the big machine.
We go on to imagine,
They can't stop the famine.

When we are studying in the school,
They are making a living with the tool.
We want to stay cool,
They just want to finish the stool.

When we are complaining about our life,
They just want to be safe.
I hope to do things by myself,
They just hope not to see the man with knife.

We live in the same world,
We live under the same sky,
But why do we live so different?
Whose fault is it?

The parents?

I just think they have no choice. Every parent wants their child to have a good education and happy life; no parents want their child to go to work so early. But they really don't have any solutions to this. They don't even have the money for a living in the world, let alone the money for education.

The god?

Maybe the god is not fair enough. We live happily, we have a good family, have many good toys and have a good education, and we have many things that they can't even think about. They live in such a bad environment; they are out of food, out of water, out of money, also out of school. The god decided it, which no one can change, and that's how the world became so different.

The government?

I think the government should be responsible for it. The parents of the child labor are also poor that the government should help them, like building some schools for the poor children, and give some money to them. They need to do something. If not, it won't be just a problem of the poor families; it will also be the problem of the whole country. Because if the children don't get a good education, the country won't have good smart people, then the country will also be poorer. It's a bad circle that should be stopped.

By 1208 Ivy

8

Football Story

Chapter 1

Jake was a footballer, and he played for Sailing team. This time, Sailing team was in the Cup Final. And they were against another strong team—Brave Students team, and the captain of the Brave Student was Peter, a talented footballer.

There were three days left for the Cup Final. Jake was very afraid of that they couldn't win the game. He walked round and round in his home and thought hard. Then he had an idea.

Beep! Beep!

The phone of Mike's home rang. Mike was another tough footballer in the Sailing team.

"Hey! Mike, I was thinking just now, and I have a good idea. That can help us beat Brave Students team."

"What idea? " asked Mike. Even though Mike was better than Jake in playing football, he admitted that Jake was better than him in thinking about tricks and ideas.

"Before the match, I let my cousin, Nick, do something bad to the Brave Students."

Jake said, and smirked.

"That is... maybe not... too good, I think." Mike said. He was a little bit worried.

"It doesn't matter!" said Jake, "They won't find out."

Chapter 2

The day before the football game, Jake had already told Nick what he should do.

The big moment was coming. The stadium was full of people. Jake thought that was the time Brave Students lost.

At the same time, Nick was in the Brave Students' changing room. He sneaked into the locker and snapped it. He stole the trainers, and then, he cut the shoestrings off. Then, he took out a bottle with some white powder in it. "It can make them want to sleep." said Nick. He sprinkled the powder in the air. Then, he seemed to hear the sounds of the steps. He left the bottle and ran away quickly.

Peter, the captain, ran into the changing room. His teammates followed him.He smelled a strange smell, but he didn't care about it. "Come on, lads! This is our final battle!" We will win, I believe it!" said Martin, the striker.

The final game would start at 7. The players needed to prepare well before 6:45. At 6:15, the Brave Students team were all in the changing room. There was something weird today, the teammates didn't feel very well. But they still didn't notice it. "Maybe it's the disinfectant; the cleaners always clean our rooms before the game."

Chapter 3

Brave Students walked onto the pitch, they saw some players of Sailing team. Then, the game began. Jake controlled the football and burst into the goal. Brave Students team's sweeper Bill wanted to defend. At that moment, his shoestrings broke, and he tripped over. So, Jake kicked the ball into the goal. "Goal!" 1-0. Bill felt very guilty. "It's all my fault, but why? My shoestrings never go wrong. There is something strange today! I need to change my status!" he thought. The game continued, but mates of Brave Students team tripped over again and again. Their shoestrings broke one by one. "Boom! Boom! Boom!" The team came to a mess. At that time, the whistle blew, and the first half ended.

After the break, the second half began. The Brave Students carried on. Peter and Martin charged to the goal, but they met Neo, the sweeper of the Sailing team. All of a sudden, Neo sprinkled the sleepy powder into the air. The powder in Peter and Martin worked, so they slowed down, step by step, and then, they came to a sudden stop. They stood still and did nothing. "What?!" a loud shout burst out of the stands. Neo got the ball easily and then, he passed the ball to the downfield. John got the ball, swerved left and right, passed the defenders. Wow! A nice shoot! Sailing scored.

Brave Students lost one score. Bill and other sweepers decided to defend well.But Jake didn't give them the chance. When he burst to the goal of the Brave Student, four defenders charged towards him. He stood still, and a grin crept up to his face. "You lots will be losing! " He took out the bottle of the sleeping powder. POOM, a cloud of smoke splashed into the air. Four defenders slowed down, and at that time, Jake walked gently and scored. It was so easy to score because every one of Brave Students felt sleepy. When the goalie saw Jake, the ball had already hit the net. This was the last score. The final whistle blew, 3–1, Brave Students team lost.

Chapter 4

The presentation started. The mates of Sailing team came to the ground with blissfull smiles. The fans of Sailing team shouted and did Mexican waves. Sailing team's footballers waved hands to the crowds. Everyone stood up and cheered. THEY ARE TOO HAPPY.

The prize of the winner was brilliant! Sailing team got a big gold cup! And each of them got a round gold medal like the moon on Mid-Autumn Day.

But on the other side of of ground, Brave Students team's footballers were upset and they wondered why they couldn't have clear minds.

They walked back into the changing room. They noticed a little bottle lying in the corner. "What is this? " Peter thought hard. He wondered. He picked up the bottle, and there was a little piece of paper on its side, which said "sleeping powder." Then, all the mates of the Brave Students team knew the truth. They called the police. The police checked it carefully, and found the fingerprint. They made sure that was Nick's. Nick, the cousin of the captain of the Sailing team.

The next day, Brave Students sued Sailing for cheating. Certainly, Brave Students won.

And, Brave Students got the big golden cup. It was bigger than Sailing team's. Also everyone in the Brave Students got a round medal.

Of course, Sailing team couldn't take part in the matches for a year.

"We did something wrong." Jake regretted.

"I agree with you! " sighed Nick.

Oh, I need to tell you. Now, they are still in prison.

By 1204 Cindy, John, Susan, Jenny

9

A Boy and a Beggar

He was the smallest boy in class, and he was an ordinary student just like most of the students in class. He didn't do well in the school work, let alone the school activities. So, no one noticed him at all. But one day, he did something that made all of the class shocked.

It was just a usual day, and he was late for school. The teacher was about to teach when the door flew open, all of a sudden, a boy caked with dirt burst into the classroom. If only he didn't take the school bag belonging to the boy, nobody could recognize him. His face looked as if he had been working for the dark hole under the floor for all night.

Of course the teacher was angry. "Get out of the classroom! Look at yourself, you're just like a beggar, and the sooner you leave here the better!" the teacher said crossly. The boy began to sob, "I—I..."

Just then, another boy came into the classroom and shouted, "Don't be so rude to him. He is just a beggar in the street. He always longs to learn the new things like an ordinary student, but he just can't!" he said, "And please allow him to be a member of our class for only one day!" It was the smallest boy of the class.

Everyone agreed, and the little beggar with the boy had a great time in school for one day.

By 1303 Annie

10

The Sky Dyed Red by Life

A morning star shines in the dark sky. I have been waiting for so long for a miracle to come. Slowly, the sky lightens up and spreads a solemn red, burning with the light of ruby and furnace flame.

The sea is waving with charming blue. For a moment, a golden shining orb blinds my eyes. The sun rises in the east filling the sky with a bloody red.

Where there is darkness now there's light.

Where there is pain now there's joy.

Where there is weakness now I can find my strength.

I hear a flower singing in the forest. The flower smiles through the miracle and is proud of itself. It came out from a rock and has fought against the wild rain and wind. It doesn't matter to lose petals. But it does matter to lose life. Now the flower shines brightly like a diamond or a star and sends out its delicate fragrance.

Let the flood of sunshine come down and wash my tears away.

Let it fill my soul and drown my fears.

Let it shatter the walls for a new, new life.

An eagle flies freely in the sky dyed red by its blood. When the eagle was a baby, its mother broke its wings and cast it into the valley. The eagle must fly with sorrow, or it will die.

Hush! I see a light in the sky.

Hush! I touch the beauty and the strength of life.
The sky is red just like the color of life.
A new day has come.

By 1305 Ruby

11

Travel to Venice

The setting sun reddened the whole sky. And then remotely, it caught my eyes. I saw its exquisite decoration, as if it was an amorous young lady from the mysterious legend. I heard that unreachable hustle, as if it was a dreamlike mirage on that incredibly beautiful backdrop.

Then I arrived there, stepping on the land that echoes loads of old stories, glorious, poignant, and even unknown to the outside. Yes, I came to this land. I'm here in Venice.

And after experiencing all these stories, Venice now is more than that attractive young woman that always catches your eyes, we could find the maturity aroma from her poetic scene.

The seasoned vendor was sitting on that rocker behind his rack hanging varies kinds of pretty masks, easing. The beardless boatman was standing on the gondola rowing between those aged structures. We could find the excited young lover taking pictures in front of the phoenix theater with their eyes gleaming each other. We could see the relaxed old couple sitting on the bench on the grass hand in hand.

I was swaying on the gondola, feeling Venice's breath, the breath of this hazy dream. The drizzle dazed my eyes and also my mind. The magnificent past of Venice performed in front of my eyes just like a fabulous movie. I saw that luxuriant nation in 14 century. I saw that cruel war in 16 century. I was carried away by her long history and abundant culture until the hand of the watch pointed the time of leaving.

I was standing on the prow, gazing at it fading away sentimentally, tasting the brilliant feeling from that land. I could still hear the sigh lingering above the bridge of sighs, I could find the pigeons flapping above the Plazza San Marco, until long way out, I could still feel her flavor, I could still hear her breath.

By 1302 Linda

12

The Older I Grow, the More I Miss the Old Days

When we are young, we always dream of growing up. But it turns out that the reality is not as good as people have imagined. Then they begin to miss those old days. So do I.

I miss the silly girl who I used to be. At that time, I was just a wild girl, playing beside the river, joking with friends and even trying to touch the sky. How ridiculous! Of course nobody can touch the sky. But I had the wings of imagination which could make me fly. Time goes by and the wings have gone. Sometimes I guess it wasn't that I changed myself, but life has changed me.

I miss the old melodies when I was young. That could be a song our teacher taught, or a poem from the salesmen. It was not only melody, but also memory and culture. With the development of the city, the noise of cars has replaced those beautiful songs. It has become harder for us to find a quiet place and listen to the sound of our heart.

I miss the golden days when I was young. I had gotten so much time to stay with my family while now I have to learn to be more independent. Once I realized I was not a child and I had my responsibilities, I was no longer as happy as before.

Growing brings pain as well as gain. It's true the older I grow, the more I miss the old days. But no one can choose to stop growing. The only thing we can do is to look ahead and never stop fighting.

By 1207 Catherine

13

The Person Who I Admire

I think most students admire famous singers, athletes, musicians or scientists. But I don't. I just admire my father, though he is not so great as those well-known people.

My father failed in the college entrance examination. But he didn't give up. He worked harder with his strength for another year in order to make his dream come true. Where there is a will, there is a way. Finally he entered Zhejiang University and majored in engineering. You know it was very difficult to get into universities those years. He was born in the countryside but he improved himself. He was good at swimming and he won first prize in the competition in his company. I must say that he is clever and athletic.

He is also humorous. When my mother was angry with me, he told jokes and made us laugh a lot. He never thinks grades are everything. This is what he often says to me: "To foster abilities and enjoy your life are most important things. Nothing is impossible, but if you do nothing, then success will never come. And don't forget to stop footstep and enjoy sights by road." He led me to find an interest and just do it. So I have been playing YETC (双排键电子琴) since long ago.

My father is ordinary, but in my heart, he is greater than anyone else. He majored in engineering, but he is like a philosopher. He taught me how to choose my path in life. He is the person who I admire, really true, really deep, really strong.

By 1407 Sinna

14

The Death of My Pen

It all happened all of a sudden. I had just finished a maths problem and was staring blankly at the next one, holding my pen in my hand. I moved my hand just a fraction, and the pen whooshed straight onto the floor without its cap. It was seconds later that I realized what had happened. I knew the chances that it was still alive were slim, and I was terrified to see how badly it had been damaged. But I felt compelled to pick it up, so that I could finally learn its fate. Slowly my eyes traveled downwards.

The scene was horrific. Pools of ink swirled on the floor, like blood. Horrified, I picked it up, and to my dismay found that its tip had been broken. I tried to write as hard as I could, but it was unable to write a single word. Ink poured out like the tide and blackened the paper. Sadness and regret filled my heart. "I'm sorry... I'm sorry..." I said to it, as it lay quietly in my hands.

You had been with me for such a long time. I could still clearly remember the day I bought you. In the shop, loads of pens were in my sight. I didn't know which to buy in the colorful sea of pens. Then my eyes rested upon you. Your golden cap shone brightly in the pale light. I was captivated by you. And so you started your new life with me. Every day I wrote with you. Always, I enjoyed the feeling while writing, which was different from the feeling while using a plastic ball-point pen. Granted, ball-point pens are convenient and cheap, but they came and passed without leaving a footprint in my life. Pens did, however. Day after day, you worked with me, and every single part of you became familiar to me. Though you grew older and older, your body was not as shiny as it used to be, I found you even lovelier than ever. What you wrote was not confined solely to only homework, notes and diaries, but was a record of my life. You were my confidant.

Life is full of accidents. Your death was, too. I took the blame. It was all my fault. Sometimes I tried to pretend that you were still alive, and that you were just seriously injured. I couldn't believe that you had gone forever, and that I would never use you again. But the mistake had been made. The wound I inflicted on you ran for too deep to be healed. I could change the present, and thereby change the future, but I couldn't change the past. Regret couldn't, either.

By 1305 Helen

Part V Works of Translation(文学翻译作品)

原文 & 翻译 1

8-⑫ The Booming Boots of Joey Jones

It was ages before his dad came downstairs again. He plonked a gigantic pair of shiny black boots in front of Joe.

As he stared at them, the boy felt as if someone had poured ice into his brain.

The boots ere awful!

'Good, eh? ' said his dad.

Joe found it hard tot speak. He had never seen anything like them before.

They weren't low-cut and bendy, soft or supple. They had big, hard square toes, great big long studs and they were high at the ankle. They were his dad's old rugby boots, polished up.

对乔来说,等爸爸下楼是十分漫长的等待。在乔的面前,他扔下了一双亮闪闪的黑色靴子。

乔目不转睛地盯着眼前这双靴子,他仿佛觉得自己被谁泼了一盆透骨的凉水。

这双鞋太让人难以接受了!

“怎么样,还可以吧?”他爸爸问道。

乔实在挤不出一个字来回答。他从没有看见过这样一双足球鞋。它们完全不是乔想象当中的低帮的,而且看上去既不柔韧,也没有弹力。它们的鞋头又大又硬,鞋钉又粗又长。更让人难以接受的是,它们的鞋帮竟高到了脚踝。这正是他爸爸旧的橄榄球鞋,只是被擦得铮亮,在灯下闪闪发光。

By 1208 Group SKY

原文 & 翻译 2

8-⑦ Okay Spanner, You Win!

When he got there, the place was empty and sad. There was just him and the hulking lines of trees, looming like ghosts in the gloom.

当他到达那里的时候,偌大的操场空空荡荡的,显得孤寂而又悲凉。只有他和一排大得吓人的树,如幽灵般在黑暗之中若隐若现。

Why we chose this part: It was very beautifully written and it can show Joey's real feelings. The second sentence uses simile to describe the sad mood and loney darkness. We think the author wrote this part to let readers know Joey was very depressed at that time. The language is wonderful!

Why we translated in this way: Because Chinese is not like English. They have different styles and we chose to translate it in the direct way. We looked up the dictionary and used the vocabulary notes in the book and organized the language in Chinese order.

By 1208 V.I.P.

原文 & 翻译 3

8-⑦ Okay Spanner, You Win!

When Tank had stopped sniggering, he spoke to Joe and Skenner. 'You two, just keep out of my way, okay?'

Then Mr Murphy told Joe to stay wide on the left. So out Joe stayed. Skenner joined him. It was easier to avoid the clogging mud there.

坦克停止了窃笑,没好气地对乔和斯坎纳说:"你们两个,不要挡我的道儿,听懂了没?"

没多久,墨菲先生又警告乔让他留在左翼,斯堪纳和他一道。这真是个避开淤泥的好地方。

Why we chose this part: It's the part that can show the team don't need Joy and Skenner any more. The sentences Tank said was so cold and not friendly. Dialogue is not easy to translate sometimes but it is a good way to see what kind of person someone is.

Why we translated in this way: We changed the real meaning a little bit and we think some words are special and they might have particular feelings so we added "没好气" before "said". And the last sentence can show their self-mockery.

By 1208 Group V.I.P.

原文 & 翻译 4

8–⑪ Air Raid

Harry was right. As the brothers gazed around them, they saw heaps of rubble and big holes everywhere. Bits of walls were standing, many of them scorched black by fire. Here and there, scraps of once lovely curtains hung limp and sad.

(版本一)

正如哈利所说。兄弟俩环顾四周,却只看到遍地的废墟与弹坑。还有零零落落的未倒下的残垣,也只是以那被烧焦的炭色来散布着空旷与苍凉。有的残垣上挂着一些残破的窗帘,便使人想起战争之前的安宁与美好。

By 1307 Rain

(版本二)

哈利说得没错。两兄弟凝视周围,目光所及之处都是一堆堆瓦砾和大大的洞。残壁伫立着,大多被火烧得焦黑。曾经很漂亮的窗帘已被烧成碎片,松垮垮地垂在那儿,显得很凄凉。

By 1304 Lucy

原文 & 翻译 5

8–⑪ Air Raid

He put his arm around Raf's chest, and stood up. At once, he staggered back with the weight of the sleeping dog. Raf was so long that his back legs scraped along the floor. His nose was rammed under Harry's chin, and front legs stuck out.

他用双手围抱起 Raf 的前身,一使劲站了起来。猛地,狗的体重让他不由自主地后退了几步。Raf 可真是一条大狗——即使前身被抱起,它的后腿还一直拖在地上。单凭一个人的力量是不行的。杰克看着那狗鼻子碰着哈利的下巴,前腿直直地向前冲出来,就有种想笑出来的冲动。

By 1308 Lydia

原文 & 翻译 6

8–⑭ Tomb Raiders

In the dead of night, the valley was cold and still. The heat of the day had vanished completely, replaced by a dry chill. Several miles away, the young waterboy had been tucked up in his bed for hours. He would have kicked himself if he'd known what he was missing.

Down the stone steps of the tomb, along the long, echoing corridor went the three explorers. Each carried a brightly shining flashlight which threw a wide beam across the walls.

The sound of their footsteps seemed unbearably loud.

夜死寂着,冰冷的山谷毫无生气。白天的炎天光早已消失殆尽,取而代之以干涩的严寒。几英里开外,年轻的茶童睡熟多时,他若得知自己错过了这么一场好戏,怕是要后悔得直给自己巴掌了。

坟墓,沿石阶而下,三个探险者尽管步履严审,仍回荡着陌生访者的脚步声。每个人都手持明亮的手电筒,投下惨白的光。

By 1307 Davy

原文 & 翻译 7

9-② White Fang

Seeing his mother in such danger, the cub sank his teeth into the wild cat's leg. Then he clung on for dear life. Although he didn't know it, this is probably what saved their lives. The lynx lashed out at the cub, ripping his shoulder, but he had slowed her down. After a brief, vicious scrap, she-wolf put an end to her once and for all.

They had won, but at a price.

(版本一)

眼睁睁看着自己亲爱的母亲正与恶猞生死搏斗,这只幼崽感到一股本能的力量,使他勇敢地扑上去,拼尽全力死咬住猞猁的大腿不放。他所不知的,是他这次忘死的援助,在很大程度上帮助母亲一起赢得了最终的胜利。被咬住大腿的猞猁发了疯似的向幼崽猛烈撕咬,但显然,它的攻击频率被大大减缓了。母狼用最后的一记猛爪,将母猞的生命画上了句号。

他们赢了,但同样付出了沉重代价。

By 1307 Rain

(版本二)

见母亲逢此绝境,幼狼一下子咬住了疯物的腿,咬死了不放。或许幼狼不明白这意味着什么,但这关键一击大概救了他们一命。猞猁猛地对幼狼发起了进攻,撕扯着他的肩膀,但这也拖住了猞猁,在一记干脆而致命的攻击后,母狼终于结束了这一切。

他们赢了,代价惨重。

By 1307 Davy

原文 & 翻译 8

9-② White Fang

As he lay down, he felt a rush if air and a huge, winged creature swept past. A hawk! It had barely missed him. Then he saw the hawk snatch up the mother hen in its powerful claws. He lay there for a long time shivering.

当他(白牙)躺下来的时候,他感到头上一阵强烈的气流盘旋,同时一只巨大的,带有翅膀的生物飞快地扫过。鹰！它就这么错过了他。紧接着,他看见了这只鹰用它强有力的爪子抓起母鸡妈妈。他不由地躺在那里颤抖了好一会儿。

By 1308 Ken

原文 & 翻译 9

9-② White Fang

Sometimes, the man who lived at the fort came down to see this wolfish dog, which was never wrong-footed. But the man who loved the dog fights more than any other was "Beauty" Smith. He would run down at the first sound of the steamship's whistle. No one knew Beauty's real name, but he was far from beautiful, and a cowardly, cruel bully.

有时候,住在堡里的人会出来见见这只从不慌乱的狼狗。还有一个叫"Beauty Smith"的人,绝喜斗狗,他每次都在听到蒸汽船第一声鸣叫就跑出来。没有人知道他真名叫什么,但他绝非一个漂亮的人,相反,他是一个残酷、欺软怕硬的无耻之徒。

原文为"beautiful",表美丽、漂亮,与 beauty 一词意同,作者此处用以嘲讽。

By 1307 Davy

Part VI Designs of Book Covers
(《典范英语》封面设计)

COMING
CLEAN

Amy
the
John Coldwell

Cool
Clive
Michaela Morgan

Author
Jem Stone Genie
THE
CRASH
Hi

The Luckless Monster

Dangerous